Inhaltsverzeichnis

1 Rechne.

·	3	6	9
2			
4			
8			

·	2	4	8
2			
4			
8			

·	5	0	7
2			
4			
8			

·	3	6	9
3			
6			
9			

·	5	10	7
3			
6			
9			

·	5	10	7
5			
0			
7			

2 Finde zu jeder Ergebniszahl passende Malaufgaben.

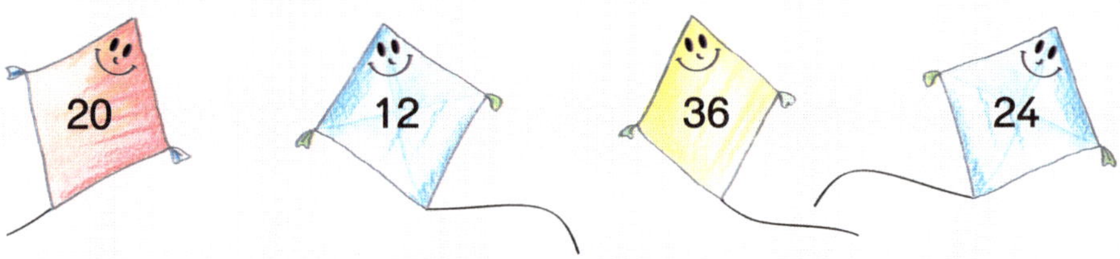

3 Kleine Knobelei

Meine Zahl ist eine Quadratzahl und liegt zwischen 35 und 42.

Meine Zahl ist das Doppelte von 4 · 8.

4 **Zwei Zahlen in jedem Kästchen passen nicht.**
Streiche sie durch.

5 **3 Zahlen – 4 Aufgaben**

8 7 56

3 9 27

6 5 30

9 4 36

6 **Kleine Knobelei**

Wenn ich 60 halbiere und das Ergebnis durch 6 teile, erhalte ich 5.

☐ richtig ☐ falsch

Wenn ich 35 verdopple und das Ergebnis durch 7 teile, erhalte ich 12.

☐ richtig ☐ falsch

Achtung: Oft bleibt ein Rest!

① Teilen

12 : 3 = 4	16 : 4 = ___	20 : 5 = ___
13 : 3 = 4 R 1	17 : 4 = ___	22 : 5 = ___
14 : 3 = ___	19 : 4 = ___	24 : 5 = ___

42 : 6 = ___	56 : 7 = ___	72 : 8 = ___
43 : 6 = ___	57 : 7 = ___	74 : 8 = ___
45 : 6 = ___	59 : 7 = ___	75 : 8 = ___
46 : 6 = ___	60 : 7 = ___	77 : 8 = ___
47 : 6 = ___	62 : 7 = ___	78 : 8 = ___

2 Kleine Knobelei

Meine Zahl gehört zum 4er- und zum 9er-Einmaleins. Sie liegt zwischen 30 und 40.

Wie heißt die Zahl? ___

Meine Zahl liegt zwischen 50 und 60. Sie lässt sich durch 7 und durch 8 teilen.

Wie heißt die Zahl? ___

Meine Zahl gehört zum 4er- und zum 3er-Einmaleins. Sie liegt zwischen 20 und 30.

Wie heißt die Zahl? ___

Meine Zahl gehört **nur** zur 7er-Reihe. Sie ist größer als 40 und kleiner als 50.

Wie heißt die Zahl? ___

1 **Wie viele Verkehrsmittel erkennst du? ____**

Färbe den Bus, das Motorrad und den Hubschrauber.

2 **Original und Spiegelbild: Kreise rechts die 6 Fehler ein.**

Zahlen bis 2 000 darstellen

1 **Wie heißen die Zahlen?**

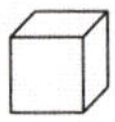

T	H	Z	E
1	0	0	0

= 1 000

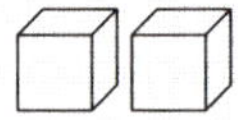

T	H	Z	E

= ______

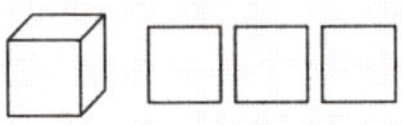

T	H	Z	E

= ______

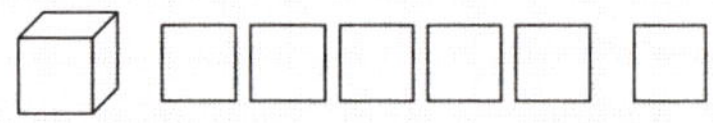

T	H	Z	E

= ______

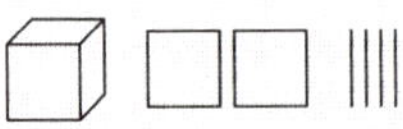

T	H	Z	E

= ______

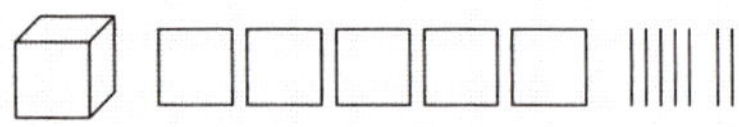

T	H	Z	E

= ______

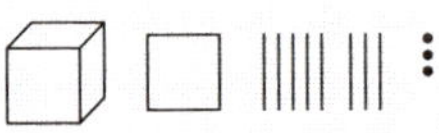

T	H	Z	E

= ______

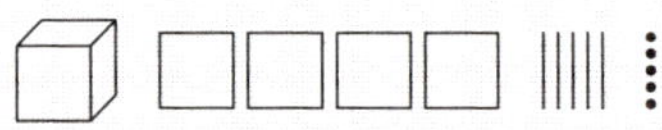

T	H	Z	E

= ______

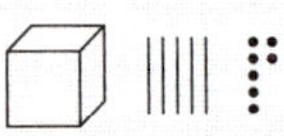

T	H	Z	E

= ______

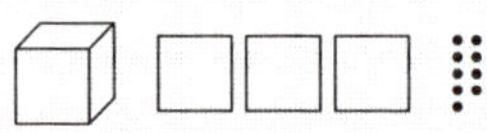

T	H	Z	E

= ______

Zerlege, zeichne, schreibe.

2

	T	H	Z	E		
1 000 + 300 + 30 + 3 =	•	•••	•••	•••	=	1 333
1 000 + 400 + 30 + 2 =					=	
1 000 + 500 + 40 + 4 =					=	
1 000 + 600 + 2 =					=	

3

	T	H	Z	E		
1 000 + 200 + 70 + 4 =	•	••	•••••••	••••	=	1 274
	•		••••	•••	=	
	•	••••	••••••	•••••	=	
	•	••	•••	••••	=	

4

	T	H	Z	E		
					=	1 569
					=	1 204
					=	1 073
					=	927

1 **Ordne der Größe nach. Beginne mit der kleinsten Zahl.**

1 534 1 843 ~~798~~ 1 438 1 354 978 1 798

B 798 ___ ___ ___ ___ ___ ___

625 1 879 998 1 534 1 128 1 347 1 798

___ ___ ___ ___ ___ ___ ___

2 **Nachbarzahlen**

B

Vorgänger	Zahl	Nachfolger
1 568	1 569	
	1 324	
	1 696	

Vorgänger	Zahl	Nachfolger
	1 075	
	1 104	
	1 509	

3 **Nachbarhunderter**

Zwischen welchen Hundertern stehen die Zahlen?

B

200	260	300
	620	
	1 620	

	1 571	
	1 314	
	1 682	

4 **Vergleiche:** ⊲ ⊜ ⊳

1 928 ◯ 1 829 1 672 ◯ 1 726 1 982 ◯ 1 982

573 ◯ 735 1 242 ◯ 1 111 1 584 ◯ 1 485

1 846 ◯ 1 648 1 657 ◯ 1 567 1 689 ◯ 1 986

5 **Wie heißen die Zahlen? Trage ein.**

a)

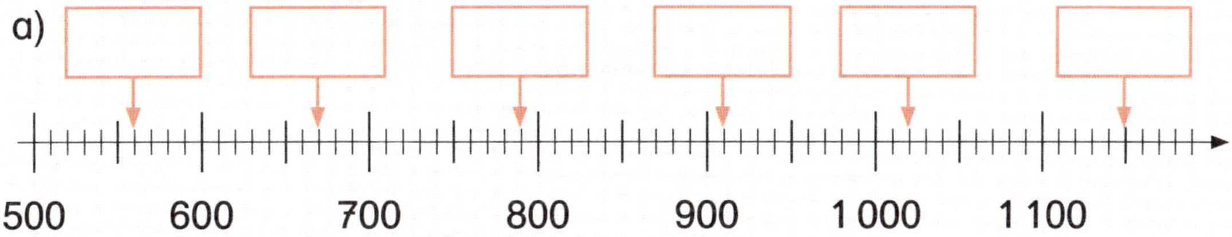

b)

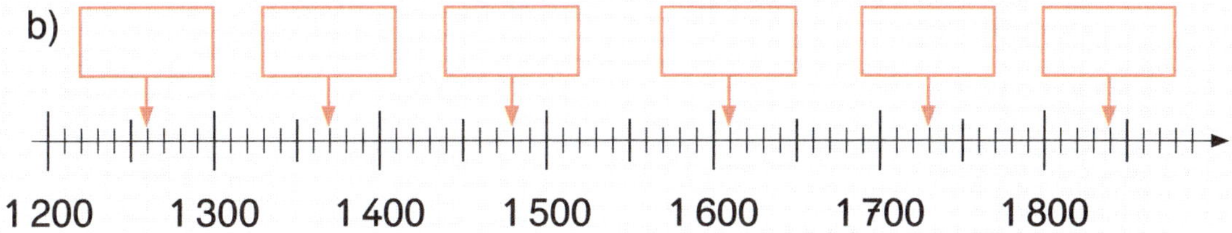

6 **Setze die Zahlenreihen fort.**

a) 1 200, 1 210, 1 220, ______, ______, ______, ______, 1 270

b) 1 100, 1 200, 1 300, ______, ______, ______, ______, 1 800

c) 1 900, 1 880, 1 860, ______, ______, ______, ______, 1 760

d) 1 750, 1 700, 1 650, ______, ______, ______, ______, 1 400

7 **Kleine Knobelei**

Meine Zahl liegt zwischen 1 350 und 1 400,
sie hat 8 Zehner und halb so viele Einer.

Wie heißt die Zahl? ______

Meine Zahl hat 1 Tausender, 4 Hunderter, doppelt so viele Zehner und halb so viele Einer wie Hunderter.

Wie heißt die Zahl? ______

① **Andreas und Sarah planen einen Ausflug mit ihren Eltern. Schau dir die Landkarte genau an.**

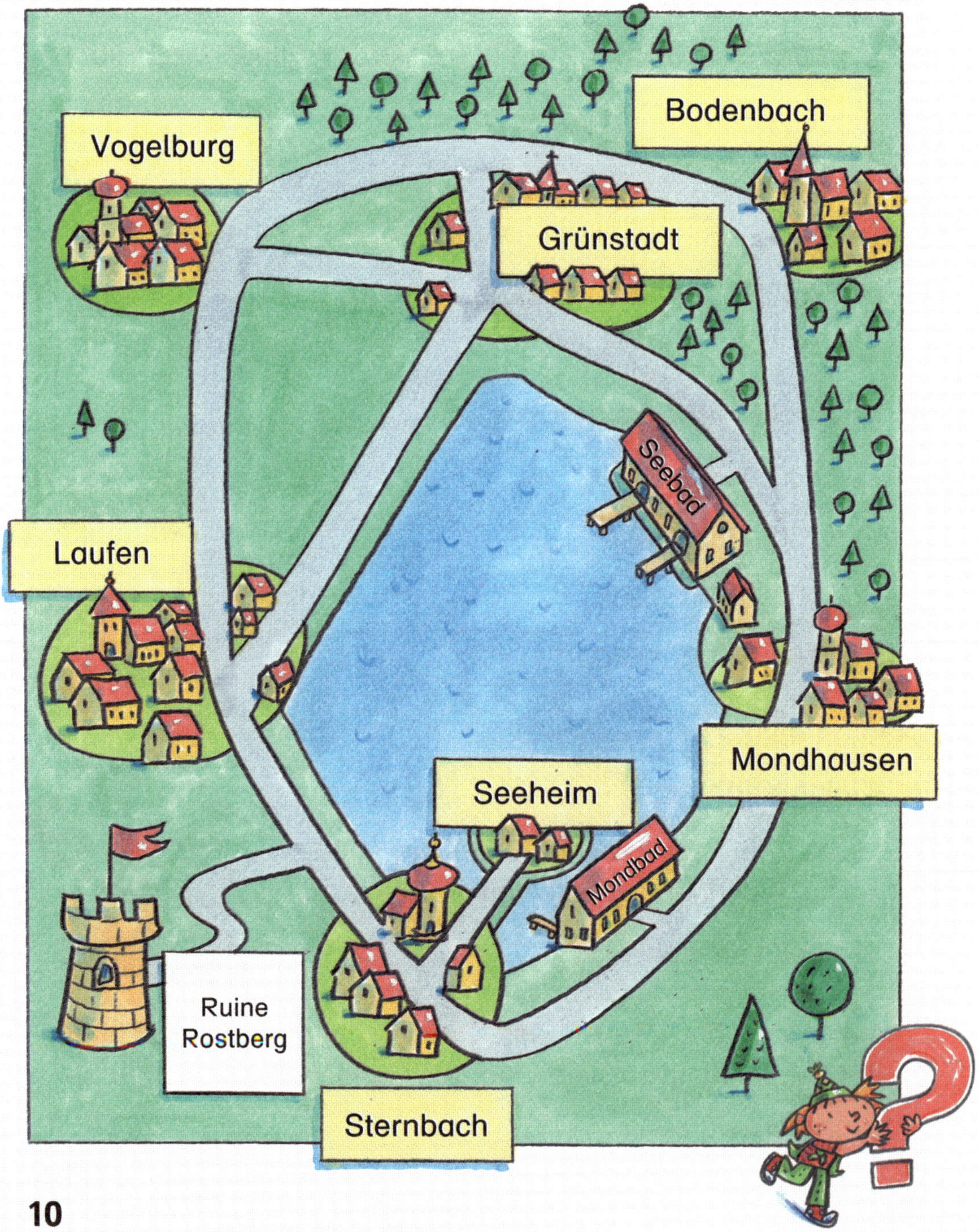

(2) Kreuze an, ob folgende Aussagen richtig oder falsch sind.

	richtig	falsch
Wenn ich von Mondhausen nach Grünstadt fahre, ist auf der linken Seite der See.	☐	☐
Wenn ich von Bodenbach zur Ruine Rostberg möchte, muss ich immer über Sternbach fahren.	☐	☐
Auf dem Weg von Grünstadt nach Mondhausen habe ich auf der linken Seite Wald und rechts den See.	☐	☐
Von Laufen kann ich direkt oder über Vogelburg nach Grünstadt fahren.	☐	☐
Wenn ich von Sternbach über Laufen nach Grünstadt fahre, muss ich an der Weggabelung die rechte Straße nehmen.	☐	☐
Aus Sternbach führen 3 Straßen heraus.	☐	☐
Laufen liegt etwa in der Mitte zwischen Sternbach und Grünstadt.	☐	☐
Wenn ich von Vogelburg nach Bodenbach fahre und etwa in der Mitte des Weges links abbiege, gelange ich nach Grünstadt.	☐	☐
Von Mondhausen nach Vogelburg kann ich nur über Bodenbach fahren.	☐	☐
Wenn ich nach Seeheim gehen will, gibt es nur die eine Straße über Sternbach.	☐	☐
Auf dem Weg von Vogelburg nach Sternbach komme ich immer an zwei Bädern vorbei.	☐	☐

Kopfrechnen bis 2 000 (1)

1 Ergänze.

a)

100	
70	30
40	
20	
80	

200	
70	
40	
20	
80	

b)

1 000	
700	
400	
200	
800	

2 000	
700	
400	
200	
800	

2 Von kleineren zu größeren Aufgaben

a)

50 + 20 = ______

150 + 20 = ______

157 + 20 = ______

500 + 200 = ______

1 500 + 200 = ______

1 570 + 200 = ______

b)

30 + 60 = ______

130 + 60 = ______

139 + 60 = ______

300 + 600 = ______

1 300 + 600 = ______

1 390 + 600 = ______

c)

70 + 20 = ______

170 + 20 = ______

178 + 20 = ______

700 + 200 = ______

1 700 + 200 = ______

1 780 + 200 = ______

d)

40 + 50 = ______

140 + 50 = ______

145 + 50 = ______

400 + 500 = ______

1 400 + 500 = ______

1 450 + 500 = ______

3 Ergänze.

a)

100	
10	90
	50
	30
	60

200	
	90
	50
	30
	60

b)

1 000	
	900
	500
	300
	600

2 000	
	900
	500
	300
	600

4 Von kleineren zu größeren Aufgaben

a)
70 – 50 = ______
170 – 50 = ______
174 – 50 = ______
700 – 500 = ______
1 700 – 500 = ______
1 740 – 500 = ______

b)
90 – 60 = ______
190 – 60 = ______
199 – 60 = ______
900 – 600 = ______
1 900 – 600 = ______
1 990 – 600 = ______

c)
60 – 40 = ______
160 – 40 = ______
163 – 40 = ______
600 – 400 = ______
1 600 – 400 = ______
1 630 – 400 = ______

1 **Welche Stelle ändert sich? Kennzeichne sie mit einem Punkt. Rechne.**

1 413 + 500 = 1 913
1 413 + 50 = 1 463
1 413 + 5 = ______
1 413 + 550 = ______

a)

1 205 + 20 = 1 225	543 + 400 = ______
1 205 + 200 = ______	543 + 4 = ______
1 205 + 2 = ______	543 + 40 = ______
1 205 + 220 = ______	543 + 440 = ______
1 205 + 202 = ______	543 + 404 = ______
1 205 + 222 = ______	543 + 444 = ______

b)

1 768 – 5 = ______	986 – 30 = ______
1 768 – 500 = ______	986 – 300 = ______
1 768 – 50 = ______	986 – 3 = ______
1 768 – 550 = ______	986 – 330 = ______
1 768 – 505 = ______	986 – 303 = ______
1 768 – 555 = ______	986 – 333 = ______

(2) Von leichten zu schwierigeren Aufgaben

a)
300 + 400 = ____
1 300 + 400 = ____
1 360 + 400 = ____
1 360 + 410 = ____
1 366 + 410 = ____
1 366 + 412 = ____

b)
400 + 500 = ____
1 400 + 500 = ____
1 430 + 500 = ____
1 430 + 520 = ____
1 434 + 520 = ____
1 434 + 523 = ____

c)
500 – 100 = ____
1 500 – 100 = ____
1 580 – 100 = ____
1 580 – 160 = ____
1 584 – 160 = ____
1 584 – 163 = ____

d)
900 – 300 = ____
1 900 – 300 = ____
1 940 – 300 = ____
1 940 – 330 = ____
1 949 – 330 = ____
1 949 – 336 = ____

(3)

+	200	20	2
1 450			
1 550			
1 650			
1 750			

–	400	40	4
1 985			
1 885			
1 785			
1 685			

① **Wie rechnest du?** 546 + 387 = ____

So?

546 + 300 = 846
846 + 80 = 926
926 + 7 = ____

Oder so?

	5	4	6
+	3	8	7

Oder so?

+ 300 + 80 + 7

546 846 926 ____

② **Rechne auf deinem Weg.**

635 + 219 = ____

1 837 + 159 = ____

458 + 376 = ____

1 504 + 248 = ____

392 + 268 = ____

1 145 + 327 = ____

③ **Diese Aufgaben kannst du jetzt auf einen Blick lösen.**

1 635 + 219 = ____

837 + 159 = ____

1 458 + 376 = ____

504 + 248 = ____

1 392 + 268 = ____

145 + 327 = ____

① Wie rechnest du? 964 – 328 = ____

So?

964 – 300 = 664
664 – 20 = 644
644 – 8 = ____

Oder so?

	9	6	4
–	3	2	8

Oder so?

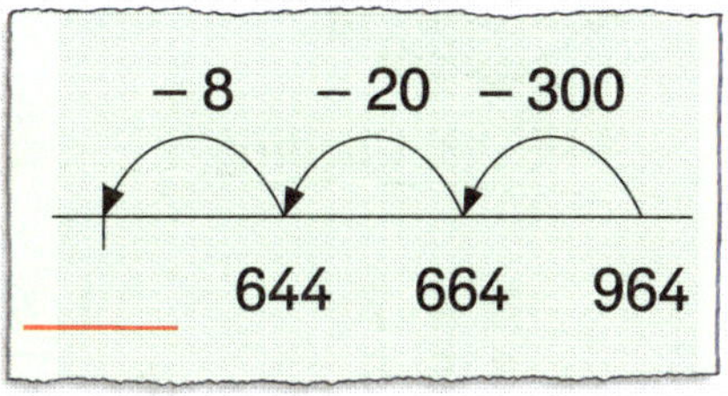

② Rechne auf deinem Weg.

892 – 454 = ____

1 766 – 279 = ____

659 – 386 = ____

1 343 – 168 = ____

786 – 529 = ____

1 854 – 637 = ____

3 Diese Aufgaben kannst du jetzt auf einen Blick lösen.

1 892 – 454 = ____

1 659 – 386 = ____

1 786 – 529 = ____

766 – 279 = ____

343 – 168 = ____

854 – 637 = ____

① **Kreise zuerst ein, rechne dann.**

	5	4	7
+	3	5	6

	1	4	9	6
+		7	4	5

	7	0	8
+	2	6	4

			8	2
		8	7	4
+	1	1	6	3

② **Rechne nur die drei Aufgaben mit zwei Überträgen.**

	4	5	9
+	3	7	6

	1	5	3	7
+		8	5	5

	1	4	7	8
+		6	2	1

	3	7	5
	5	3	6
+		4	9

③ **Rechne nur die drei Aufgaben mit drei Überträgen.**

	7	6	7
+	5	6	3

		9	4	4
+	1	0	6	5

	1	5	9	4
+		4	0	6

		9	8
	8	5	4
+	6	2	7

④ **Schreibe untereinander und rechne.**

1 248 + 539 + 94

407 + 785 + 68

1 637 + 59 + 196

5 **Kreise zuerst ein, rechne dann.**

	5	1	9
−	3	4	7

	1	4	2	5
−		2	4	9

	9	8	6
−	5	7	3

	1	8	0	6
−		6	5	4

6 **Rechne nur die drei Aufgaben, bei denen du einmal wechseln musst.**

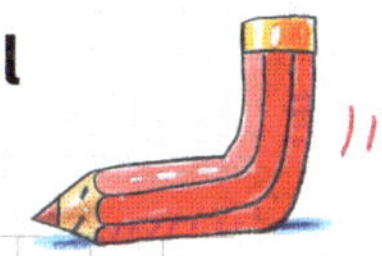

	8	4	9
−	5	8	3

	1	6	4	4
−		3	3	9

	9	7	8
−	4	8	6

	1	8	9	6
−		7	4	2

7 **Rechne nur die drei Aufgaben, bei denen du zweimal wechseln musst.**

	1	6	7	0
−		5	9	1

	9	2	4
−	7	9	6

	1	7	6	8
−		5	7	4

	1	6	3	5
−		3	4	6

8

1 209 – 846

	1	2	0	9
−		8	4	6

936 – 683

1 045 – 759

1 827 – 98

① Rechne die Aufgabe und die Umkehraufgabe.

B

		7	5	8
+	1	0	6	9
		1	1	
	1	8	2	7

	1	8	2	7
–	1	0	6	9

	1	2	7	4
+		6	4	8

	8	9	3
+	8	3	9

	1	3	2	9
+			9	3

② Rechne nur die sechs Aufgaben, deren Ergebnisse zwischen 1 000 und 1 200 liegen.

	9	2	8
+	2	4	6

	7	9	1
+	3	0	9

	8	4	5
+	5	9	2

	6	9	8
+	4	3	4

	1	2	2	7
+		7	5	6

		1	1	6
+	1	0	7	5

	7	8	2
+	2	7	8

	4	8	0
+	6	1	9

③ Schriftlich oder im Kopf?

1 240 + 410 = ______ 1 876 – 498 = ______

1 493 + 388 = ______ 2 000 – 985 = ______

... und die Umkehraufgaben von Minusrechnungen sind ...

4 Rechne die Aufgabe und die Umkehraufgabe.

B

1592 − 611 = 981	981 + 611 =	1937 − 1275 =	
1386 − 597 =		1845 − 988 =	

5 Rechne nur die drei Aufgaben, deren Ergebnisse zwischen 800 und 900 liegen.

1507 − 673 =	1253 − 368 =	1941 − 895 =	1174 − 287 =

6 Rechne nur die drei Aufgaben, deren Ergebnisse zwischen 900 und 1 000 liegen.

1689 − 694 =	1437 − 525 =	1726 − 988 =	1358 − 425 =

7

8 _ 6	_ _ 5 _	9 _ 3	_ _ 2 _
+ _ 0 _	+ 5 _ 4	− _ 8 _	− 8 _ 9
1 1 1	1 1		
_ 6 0 1	1 8 3 2	1 5 8	6 7 7

1 Welche Insekten sind **achsensymmetrisch** ?
Zeichne nur bei ihnen die Symmetrieachse ein.

2 Im Spiegelbild haben sich 7 Fehler eingeschlichen.
Kreise sie ein.

③ Finde das Spiegelbild. Kreuze es an.

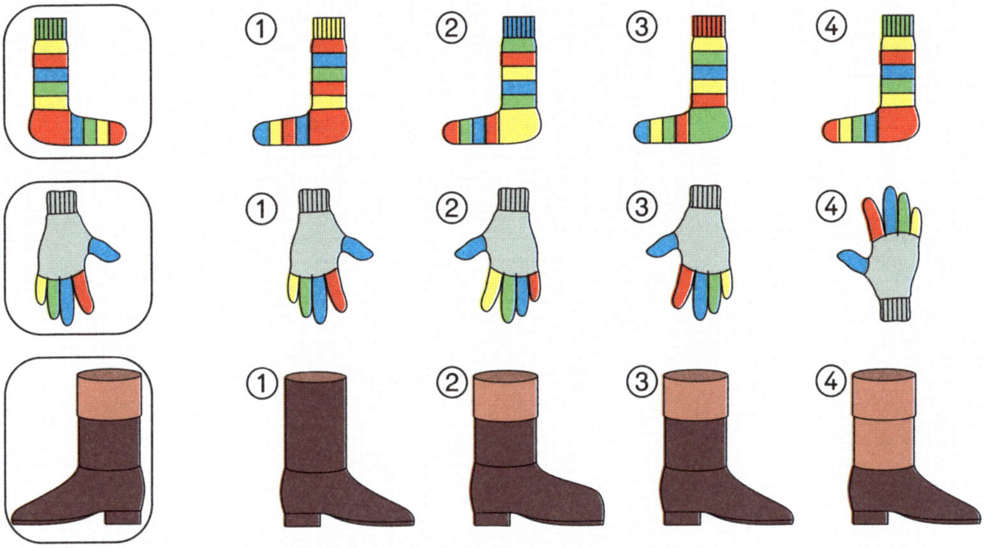

④ Spiegle die Figuren an der roten Achse.

a)

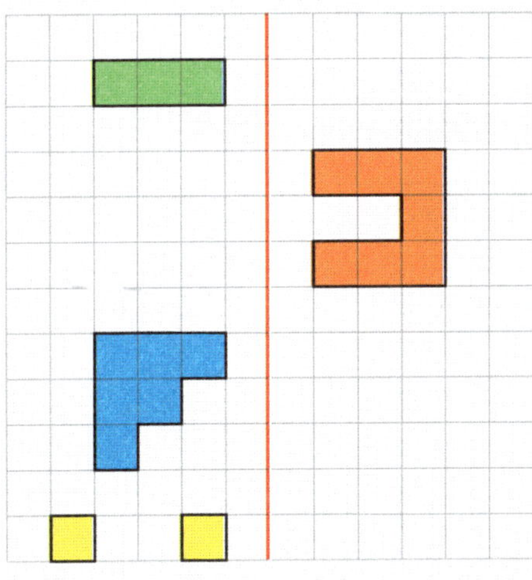

b)

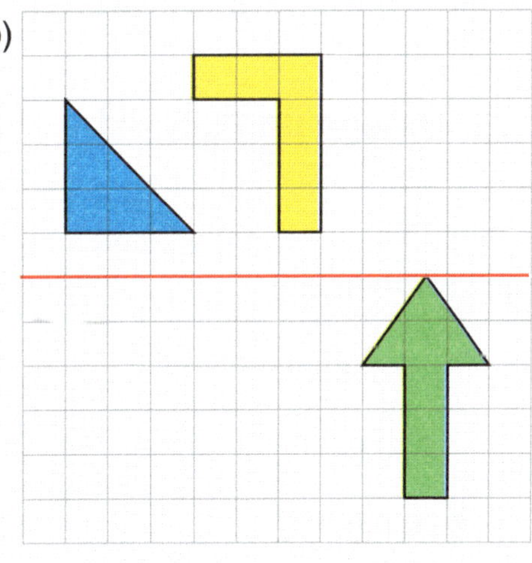

5 Zeichne alle Symmetrieachsen ein.

1 Verbinde Zahl und Zahlwort.

84 000

203 000

23 000

804 000

zweihundertdreitausend

vierundachtzigtausend

zwanzigtausenddreihundert

achttausendvierhundert

dreiundzwanzigtausend

achthundertvierzigtausend

achthundertviertausend

zwei Millionen dreihunderttausend

20 300

8 400

2 300 000

840 000

2 Zerlege und schreibe in die Stellenwerttafel.

	M	HT	ZT	T	H	Z	E	
B 20 300 =			2	0	3	0	0	= 20 000 + 300
23 000 =								
203 000 =								
2 300 000 =								
8 400 =								
84 000 =								
804 000 =								
840 000 =								

3 Zerlege die Zahlen.

123 406 = 100 000 + 20 000 + ____________________

907 654 = ____________________

230 804 = ____________________

327 036 = ____________________

970 021 = ____________________

379 046 = ____________________

307 970 = ____________________

4 Schreibe die Zahlen.

2 HT + 3 ZT + 4 H + 7 Z + 3 E =

7 HT + 8 ZT + 5 H + 2 Z + 8 E =

5 ZT + 3 T + 6 H + 4 Z + 1 E =

2 M + 4 HT + 5 Z + 7 E =

6 HT + 5 T + 8 H + 1 Z + 3 E =

9 HT + 9 ZT + 9 H + 9 Z + 9 E =

3 ZT + 5 T + 7 H + 8 Z + 5 E =

① **Trage alle ZT-Zahlen ein.**

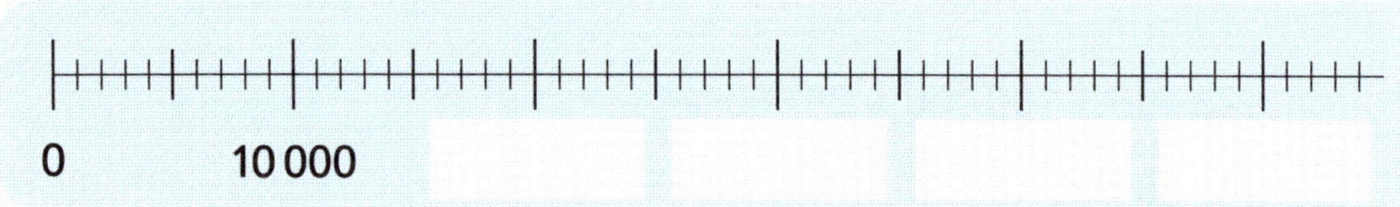

② **Trage alle Zahlen mit 5 Tausendern ein.**

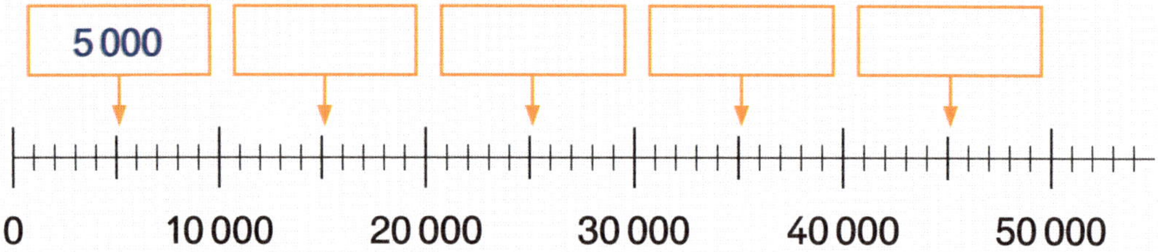

③ **Verbinde die Zahlen mit dem Zahlenstrahl.**

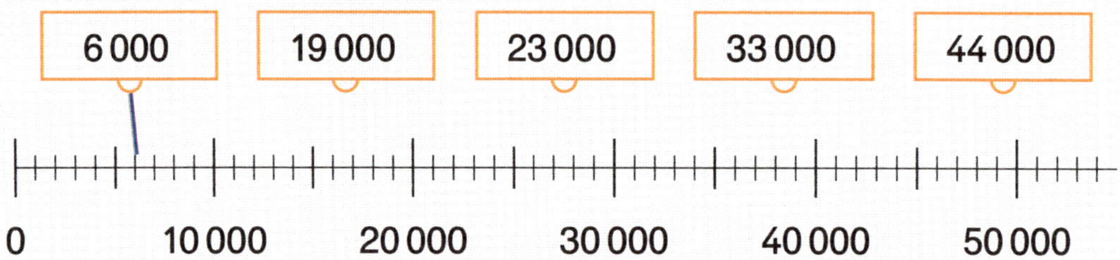

④ **Zähle in 8 000er-Schritten vorwärts …**

a) 8 000, 16 000, ______, ______, ______, ______

c) 51 000, 59 000, ______, ______, ______, ______

e) 75 000, 83 000, ______, ______, ______, ______

g) 30 000, 38 000, ______, ______, ______, ______

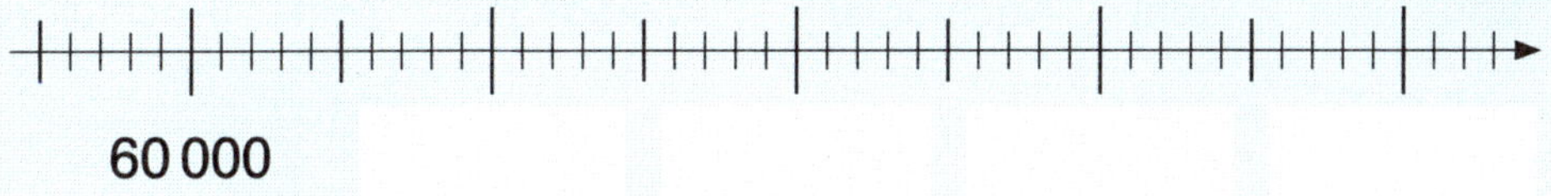

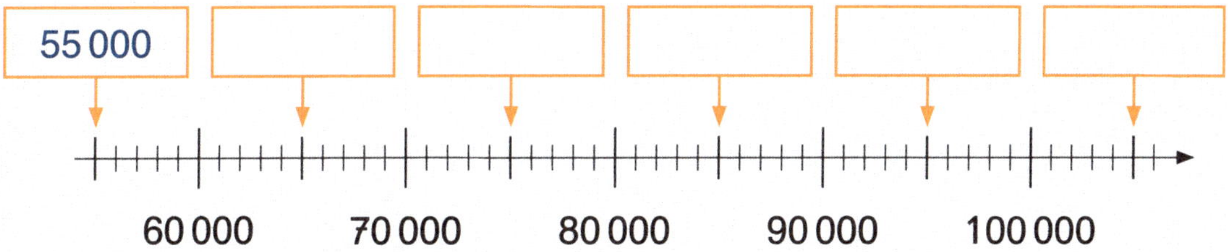

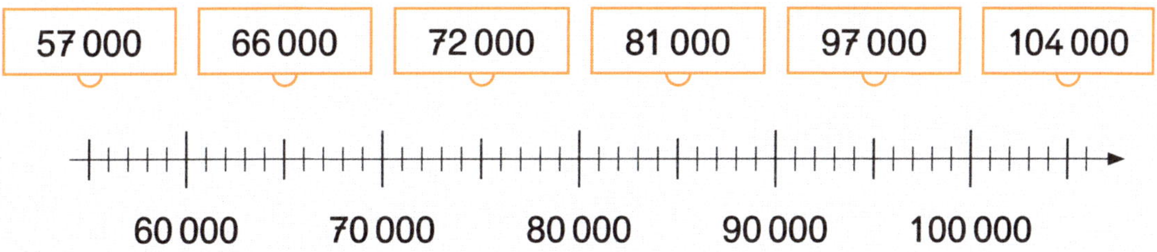

... und rückwärts.

b) 78 000, 70 000, ________, ________, ________, ________

d) 50 000, 42 000, ________, ________, ________, ________

f) 97 000, 89 000, ________, ________, ________, ________

h) 64 000, 56 000, ________, ________, ________, ________

Nachbarzahlen bis 100 000

1 Nachbarzahlen

	Vorgänger	Zahl	Nachfolger
B	43 640	43 641	
		76 365	
		91 473	
		55 398	

Vorgänger	Zahl	Nachfolger
	65 109	
	35 278	
	28 736	
	46 285	

2 Nachbarhunderter

Zwischen welchen Hundertern stehen die Zahlen?

B	43 600	43 641	43 700		65 109	
		76 365			35 278	
		91 473			28 736	
		55 398			46 285	

3 Nachbartausender

Zwischen welchen Tausendern stehen die Zahlen?

B	43 000	43 641	44 000		65 109	
		76 365			35 278	
		91 473			28 736	
		55 398			46 285	

① Setze die **Muster** fort.

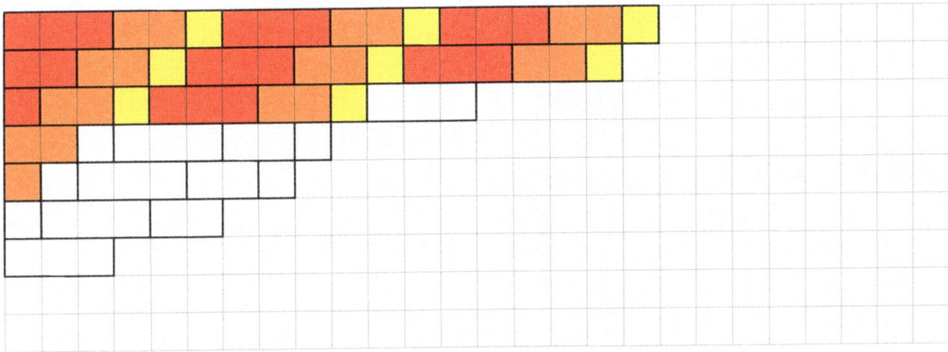

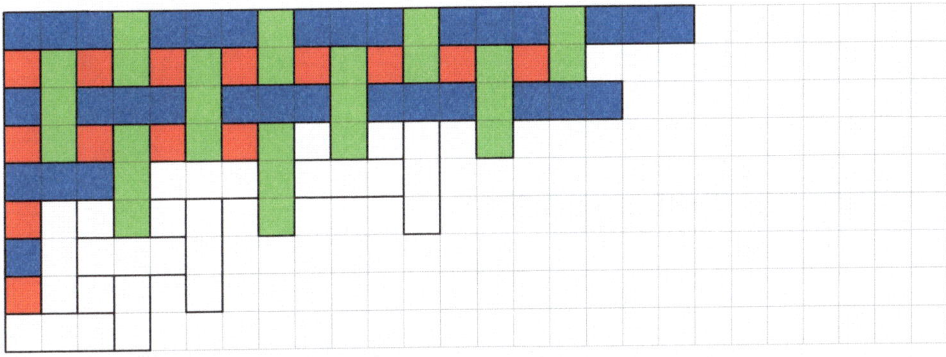

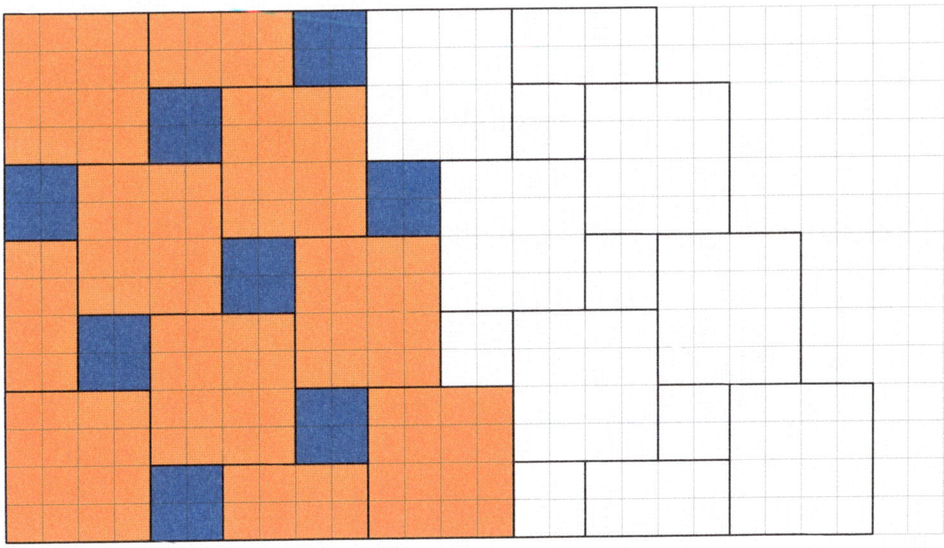

①

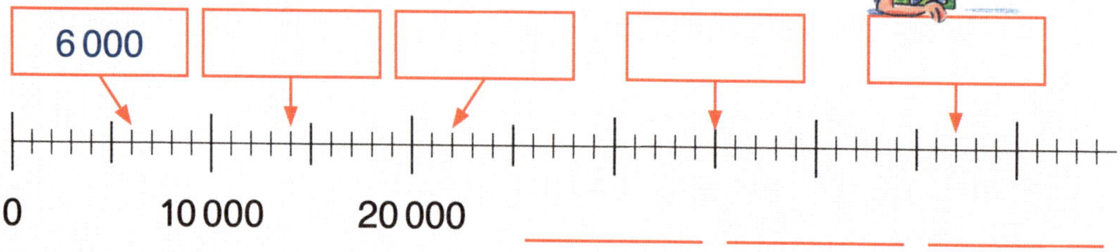

② In Zehnerschritten vorwärts

32 438
32 448
___
___
32 478

43 544
___
___
___
43 584

③ In Hunderterschritten vorwärts

32 438
32 538
___
___
32 838

43 544
___
___
___
43 944

81 652
___
___
___
82 052

④ In Tausenderschritten vorwärts

32 438
33 438
___
___
36 438

43 544
___
___
___
47 544

81 652
___
___
___
85 652

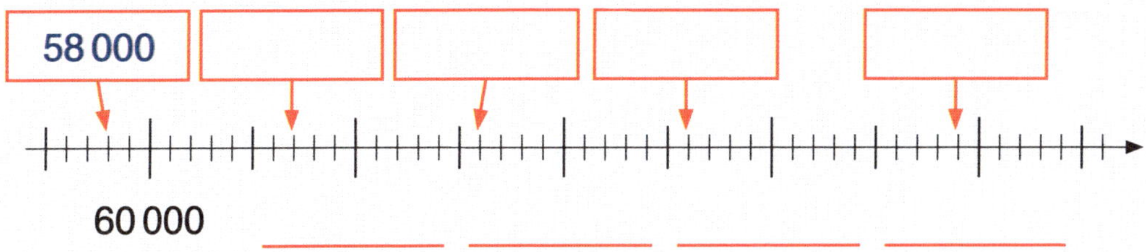

5 **In Zehnerschritten rückwärts**

59 468	67 573	98 647
59 458	___	___
___	___	___
___	___	___
59 428	67 533	98 607

6 **In Hunderterschritten rückwärts**

59 468	67 573	98 647
59 368	___	___
___	___	___
___	___	___
59 068	67 173	98 247

7 **In Tausenderschritten rückwärts**

59 468	67 573	98 647
58 468	___	___
___	___	___
___	___	___
55 468	63 573	94 647

1 **Trage alle HT-Zahlen ein.**

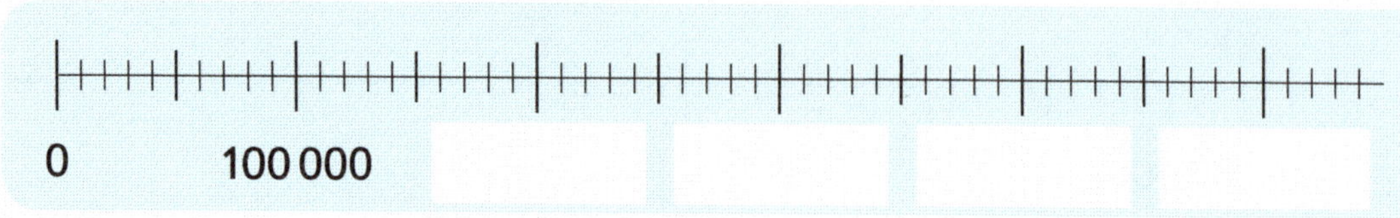

2 **Trage alle Zahlen mit 5 ZT ein.**

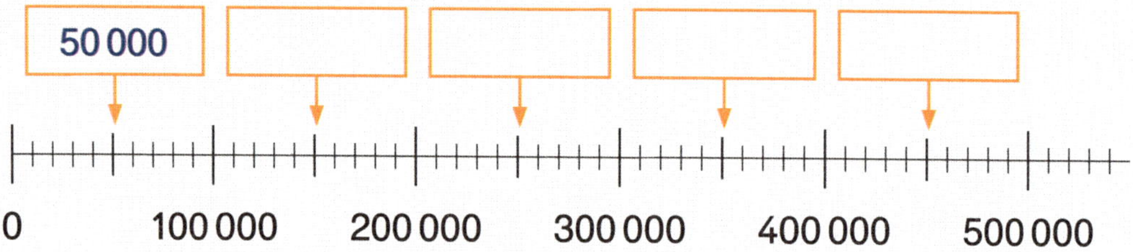

3 **Verbinde die Zahlen mit dem Zahlenstrahl.**

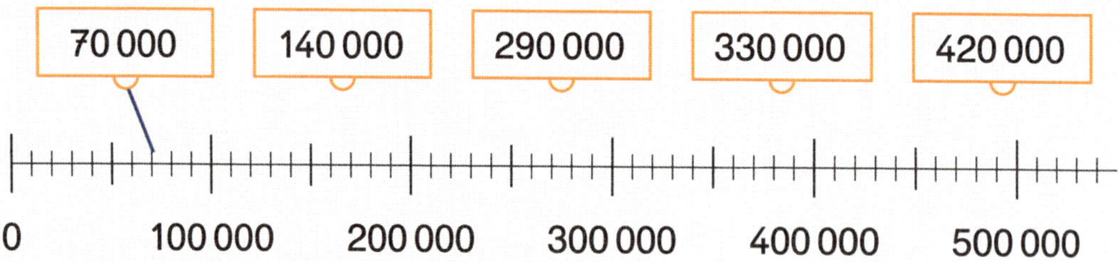

4 **Zähle in 40 000er-Schritten vorwärts ...**

a) 80 000, 120 000, ______, ______, ______, ______

c) 510 000, 550 000, ______, ______, ______, ______

e) 690 000, 730 000, ______, ______, ______, ______

g) 330 000, 370 000, ______, ______, ______, ______

Lösungen Mathe-Stars 4 Grundwissen

(zum Heraustrennen die mittlere Klammer lösen)

Kleines Einmaleins (1)

Das kannst du jetzt im Schlaf!

① **Rechne.**

·	3	6	9
2	6	12	18
4	12	24	36
8	24	48	72

·	2	4	8
2	4	8	16
4	8	16	32
8	16	32	64

·	5	0	7
2	10	0	14
4	20	0	28
8	40	0	56

·	3	6	9
3	9	18	27
6	18	36	54
9	27	54	81

·	5	10	7
3	15	30	21
6	30	60	42
9	45	90	63

·	5	10	7
5	25	50	35
0	0	0	0
7	35	70	49

② **Finde zu jeder Ergebniszahl passende Malaufgaben.**

20	12	36	24
2 · 10, 10 · 2	2 · 6, 6 · 2	6 · 6	3 · 8, 8 · 3
4 · 5, 5 · 4	3 · 4, 4 · 3	4 · 9, 9 · 4	4 · 6, 6 · 4

③ **Kleine Knobelei**

Meine Zahl ist eine Quadratzahl und liegt zwischen 35 und 42. 36

Meine Zahl ist das Doppelte von 4 · 8. 64

④ **Zwei Zahlen in jedem Kästchen passen nicht. Streiche sie durch.**

· 8: 40, 16, ~~22~~, 72, ~~34~~, 56

· 9: ~~35~~, 27, 54, ~~64~~, 81, 72

· 3: 18, 12, ~~23~~, ~~25~~, 27, 15

⑤ **3 Zahlen – 4 Aufgaben**

8 · 7 = 56
7 · 8 = ...
56 : 8 = ...
56 : 7 = ...

Na klar ...

8, 7, 56	3, 9, 27	6, 5, 30	9, 4, 36
8 · 7 = 56	3 · 9 = 27	6 · 5 = 30	9 · 4 = 36
7 · 8 = 56	9 · 3 = 27	5 · 6 = 30	4 · 9 = 36
56 : 8 = 7	27 : 3 = 9	30 : 6 = 5	36 : 9 = 4
56 : 7 = 8	27 : 9 = 3	30 : 5 = 6	36 : 4 = 9

⑥ **Kleine Knobelei**

Wenn ich 60 halbiere und das Ergebnis durch 6 teile, erhalte ich 5.

☒ richtig ☐ falsch

Wenn ich 35 verdopple und das Ergebnis durch 7 teile, erhalte ich 12.

☐ richtig ☒ falsch

Kleines Einmaleins (2)

Achtung: Oft bleibt ein Rest!

① **Teilen**

12 : 3 = 4	16 : 4 = 4	20 : 5 = 4
13 : 3 = 4 R 1	17 : 4 = 4 R 1	22 : 5 = 4 R 2
14 : 3 = 4 R 2	19 : 4 = 4 R 3	24 : 5 = 4 R 4

42 : 6 = 7	56 : 7 = 8	72 : 8 = 9
43 : 6 = 7 R 1	57 : 7 = 8 R 1	74 : 8 = 9 R 2
45 : 6 = 7 R 3	59 : 7 = 8 R 3	75 : 8 = 9 R 3
46 : 6 = 7 R 4	60 : 7 = 8 R 4	77 : 8 = 9 R 5
47 : 6 = 7 R 5	62 : 7 = 8 R 6	78 : 8 = 9 R 6

② **Kleine Knobelei**

Meine Zahl gehört zum 4er- und zum 9er-Einmaleins. Sie liegt zwischen 30 und 40.
Wie heißt die Zahl? 36

Meine Zahl liegt zwischen 50 und 60. Sie lässt sich durch 7 und durch 8 teilen.
Wie heißt die Zahl? 56

Meine Zahl gehört zum 4er- und zum 3er-Einmaleins. Sie liegt zwischen 20 und 30.
Wie heißt die Zahl? 24

Meine Zahl gehört **nur** zur 7er-Reihe. Sie ist größer als 40 und kleiner als 50.
Wie heißt die Zahl? 49

Genau schauen (1)

① **Wie viele Verkehrsmittel erkennst du?** 10

Färbe den Bus, das Motorrad und den Hubschrauber.

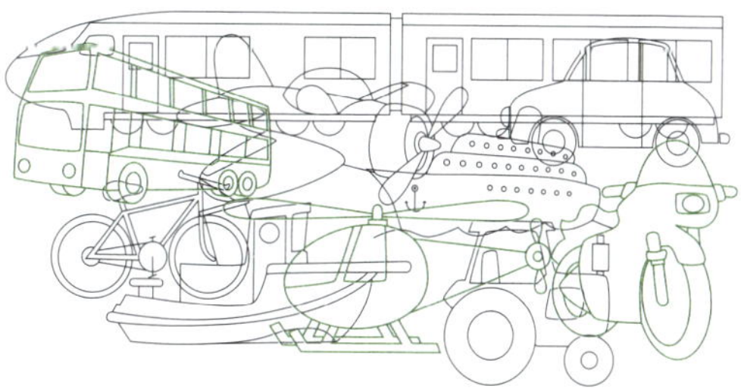

② **Original und Spiegelbild: Kreise rechts die 6 Fehler ein.**

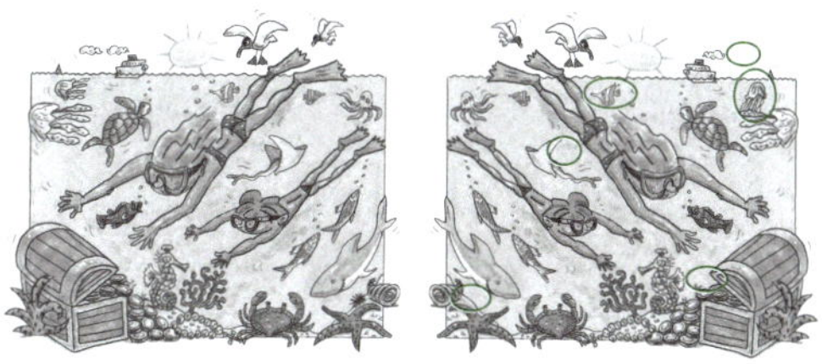

① **Wie heißen die Zahlen?**

T	H	Z	E	
1	0	0	0	= 1000

T	H	Z	E	
2	0	0	0	= 2000

T	H	Z	E	
1	3	0	0	= 1300

T	H	Z	E	
1	6	0	0	= 1600

T	H	Z	E	
1	2	4	0	= 1240

T	H	Z	E	
1	5	7	0	= 1570

T	H	Z	E	
1	1	8	3	= 1183

T	H	Z	E	
1	4	5	5	= 1455

T	H	Z	E	
1	0	5	7	= 1057

T	H	Z	E	
1	3	0	9	= 1309

Zerlege, zeichne, schreibe.

②

	T	H	Z	E	
1 000 + 300 + 30 + 3 =	•	•••	•••	•••	= 1333
1 000 + 400 + 30 + 2 =	•	••••	•••	••	= 1432
1 000 + 500 + 40 + 4 =	•	•••••	••••	••••	= 1544
1 000 + 600 + 2 =	•	••••••		••	= 1602

③

	T	H	Z	E	
1 000 + 200 + 70 + 4 =	•	••	•••••••	••••	= 1274
1000 + 40 + 3 =	•		••••	•••	= 1043
1000 + 400 + 60 + 5 =	•	••••	••••••	•••••	= 1465
1000 + 200 + 30 + 4 =	•	••	•••	••••	= 1234

④

	T	H	Z	E	
1 000 + 500 + 60 + 9 =	•	•••••	••••••	•••••••••	= 1 569
1 000 + 200 + 4 =	•	••		••••	= 1 204
1 000 + 70 + 3 =	•		•••••••	•••	= 1 073
900 + 20 + 7 =		•••••••••	••	•••••••	= 927

① **Ordne der Größe nach. Beginne mit der kleinsten Zahl.**

1 534 1 843 ~~798~~ 1 438 1 354 978 1 798

B 798 978 1354 1438 1534 1798 1843

625 1 879 998 1 534 1 128 1 347 1 798

625 998 1128 1347 1534 1798 1879

② **Nachbarzahlen**

Vorgänger	Zahl	Nachfolger
1568	1 569	1570
1323	1 324	1325
1695	1 696	1697

Vorgänger	Zahl	Nachfolger
1074	1 075	1076
1103	1 104	1105
1508	1 509	1510

③ **Nachbarhunderter**

Zwischen welchen Hundertern stehen die Zahlen?

200	260	300
600	620	700
1600	1 620	1700

1500	1 571	1600
1300	1 314	1400
1600	1 682	1700

④ **Vergleiche:** < = >

1 928 > 1 829 1 672 < 1 726 1 982 = 1 982

573 < 735 1 242 > 1 111 1 584 > 1 485

1 846 > 1 648 1 657 > 1 567 1 689 < 1 986

⑤ **Wie heißen die Zahlen? Trage ein.**

a) 560, 670, 790, 910, 1020, 1150

500 600 700 800 900 1 000 1 100

b) 1260, 1370, 1480, 1610, 1730, 1840

1 200 1 300 1 400 1 500 1 600 1 700 1 800

⑥ **Setze die Zahlenreihen fort.**

a) 1 200, 1 210, 1 220, 1230, 1240, 1250, 1260, 1 270

b) 1 100, 1 200, 1 300, 1400, 1500, 1600, 1700, 1 800

c) 1 900, 1 880, 1 860, 1840, 1820, 1800, 1780, 1 760

d) 1 750, 1 700, 1 650, 1600, 1550, 1500, 1450, 1 400

⑦ **Kleine Knobelei**

Meine Zahl liegt zwischen 1 350 und 1 400, sie hat 8 Zehner und halb so viele Einer.

Wie heißt die Zahl? 1384

Meine Zahl hat 1 Tausender, 4 Hunderter, doppelt so viele Zehner und halb so viele Einer wie Hunderter.

Wie heißt die Zahl? 1482

① **Andreas und Sarah planen einen Ausflug mit ihren Eltern. Schau dir die Landkarte genau an.**

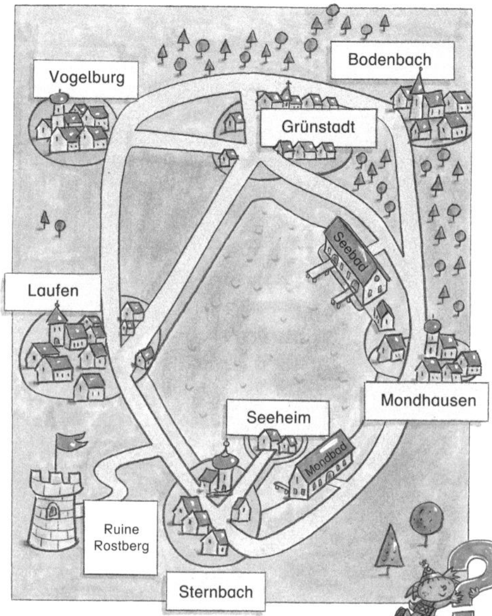

② **Kreuze an, ob folgende Aussagen richtig oder falsch sind.**

	richtig	falsch
Wenn ich von Mondhausen nach Grünstadt fahre, ist auf der linken Seite der See.	☒	☐
Wenn ich von Bodenbach zur Ruine Rostberg möchte, muss ich immer über Sternbach fahren.	☐	☒
Auf dem Weg von Grünstadt nach Mondhausen habe ich auf der linken Seite Wald und rechts den See.	☒	☐
Von Laufen kann ich direkt oder über Vogelburg nach Grünstadt fahren.	☒	☐
Wenn ich von Sternbach über Laufen nach Grünstadt fahre, muss ich an der Weggabelung die rechte Straße nehmen.	☒	☐
Aus Sternbach führen 3 Straßen heraus.	☒	☐
Laufen liegt etwa in der Mitte zwischen Sternbach und Grünstadt.	☒	☐
Wenn ich von Vogelburg nach Bodenbach fahre und etwa in der Mitte des Weges links abbiege, gelange ich nach Grünstadt.	☐	☒
Von Mondhausen nach Vogelburg kann ich nur über Bodenbach fahren.	☐	☒
Wenn ich nach Seeheim gehen will, gibt es nur die eine Straße über Sternbach.	☒	☐
Auf dem Weg von Vogelburg nach Sternbach komme ich immer an zwei Bädern vorbei.	☐	☒

① **Ergänze.**

a)

100	
70	30
40	60
20	80
80	20

200	
70	130
40	160
20	180
80	120

b)

1 000	
700	300
400	600
200	800
800	200

2 000	
700	1 300
400	1 600
200	1 800
800	1 200

② **Von kleineren zu größeren Aufgaben**

a)
50 + 20 = 70
150 + 20 = 170
157 + 20 = 177
500 + 200 = 700
1 500 + 200 = 1 700
1 570 + 200 = 1 770

b)
30 + 60 = 90
130 + 60 = 190
139 + 60 = 199
300 + 600 = 900
1 300 + 600 = 1 900
1 390 + 600 = 1 990

c)
70 + 20 = 90
170 + 20 = 190
178 + 20 = 198
700 + 200 = 900
1 700 + 200 = 1 900
1 780 + 200 = 1 980

d)
40 + 50 = 90
140 + 50 = 190
145 + 50 = 195
400 + 500 = 900
1 400 + 500 = 1 900
1 450 + 500 = 1 950

Rechnen bis 2 000 – ich kann's!

③ **Ergänze.**

a)

100	
10	90
50	50
70	30
40	60

200	
110	90
150	50
170	30
140	60

b)

1 000	
100	900
500	500
700	300
400	600

2 000	
1 100	900
1 500	500
1 700	300
1 400	600

④ **Von kleineren zu größeren Aufgaben**

a)
70 – 50 = 20
170 – 50 = 120
174 – 50 = 124
700 – 500 = 200
1 700 – 500 = 1 200
1 740 – 500 = 1 240

b)
90 – 60 = 30
190 – 60 = 130
199 – 60 = 139
900 – 600 = 300
1 900 – 600 = 1 300
1 990 – 600 = 1 390

c)
60 – 40 = 20
160 – 40 = 120
163 – 40 = 123
600 – 400 = 200
1 600 – 400 = 1 200
1 630 – 400 = 1 230

1 Welche Stelle ändert sich? Kennzeichne sie mit einem Punkt. Rechne.

Wenn ich die 5 Hunderter dazugebe, dann ändert sich die H-Stelle.

Wenn ich die 5 Zehner dazugebe, dann ändert sich die Z-Stelle. Wenn ich die 5 E ...

... und wenn ich H und Z und ...

1 413 + 500 = 1913
1 413 + 50 = 1 463
1 413 + 5 = 1418
1 413 + 550 = 1963

a)

1 205 + 20 = 1 225	543 + 400 = 943
1 205 + 200 = 1405	543 + 4 = 547
1 205 + 2 = 1207	543 + 40 = 583
1 205 + 220 = 1425	543 + 440 = 983
1 205 + 202 = 1407	543 + 404 = 947
1 205 + 222 = 1427	543 + 444 = 987

b)

1 768 – 5 = 1763	986 – 30 = 956
1 768 – 500 = 1268	986 – 300 = 686
1 768 – 50 = 1718	986 – 3 = 983
1 768 – 550 = 1218	986 – 330 = 656
1 768 – 505 = 1263	986 – 303 = 683
1 768 – 555 = 1213	986 – 333 = 653

Achte wieder auf die Stellen!

2 Von leichten zu schwierigeren Aufgaben

a)	b)
300 + 400 = 700	400 + 500 = 900
1 300 + 400 = 1700	1 400 + 500 = 1900
1 360 + 400 = 1760	1 430 + 500 = 1930
1 360 + 410 = 1770	1 430 + 520 = 1950
1 366 + 410 = 1776	1 434 + 520 = 1954
1 366 + 412 = 1778	1 434 + 523 = 1957

c)	d)
500 – 100 = 400	900 – 300 = 600
1 500 – 100 = 1400	1 900 – 300 = 1600
1 580 – 100 = 1480	1 940 – 300 = 1640
1 580 – 160 = 1420	1 940 – 330 = 1610
1 584 – 160 = 1424	1 949 – 330 = 1619
1 584 – 163 = 1421	1 949 – 336 = 1613

3

+	200	20	2
1 450	1650	1470	1452
1 550	1750	1570	1552
1 650	1850	1670	1652
1 750	1950	1770	1752

–	400	40	4
1 985	1585	1945	1981
1 885	1485	1845	1881
1 785	1385	1745	1781
1 685	1285	1645	1681

1 Wie rechnest du? 546 + 387 = 933

So?	Oder so?	Oder so?
546 + 300 = 846 846 + 80 = 926 926 + 7 = 933	5 4 6 + 3 8 7 1 1 9 3 3	+ 300 + 80 + 7 546 846 926 933

2 Rechne auf deinem Weg.

635 + 219 = 854	1 837 + 159 = 1996
458 + 376 = 834	1 504 + 248 = 1752
392 + 268 = 660	1 145 + 327 = 1472

3 Diese Aufgaben kannst du jetzt auf einen Blick lösen.

Ja klar, das sind doch alles Verwandte der Aufgaben von ②.

1 635 + 219 = 1854	837 + 159 = 996
1 458 + 376 = 1834	504 + 248 = 752
1 392 + 268 = 1660	145 + 327 = 472

1 Wie rechnest du? 964 – 328 = 636

So?	Oder so?	Oder so?
964 – 300 = 664 664 – 20 = 644 644 – 8 = 636	9 6 4 – 3 2 8 6 3 6	– 8 – 20 – 300 636 644 664 964

2 Rechne auf deinem Weg.

892 – 454 = 438	1 766 – 279 = 1487
659 – 386 = 273	1 343 – 168 = 1175
786 – 529 = 257	1 854 – 637 = 1217

3 Diese Aufgaben kannst du jetzt auf einen Blick lösen.

Ich suche oben die verwandte Aufgabe.

1 892 – 454 = 1438	766 – 279 = 487
1 659 – 386 = 1273	343 – 168 = 175
1 786 – 529 = 1257	854 – 637 = 217

① **Kreise zuerst ein, rechne dann.**

- blau: 547 + 356 (Überträge: 1 1) = 903
- rot: 1496 + 745 (Überträge: 1 1 1) = 2241
- grün: 708 + 264 (Übertrag: 1) = 972
- blau: 82 + 874 + 1163 (Überträge: 1 2) = 2119

② **Rechne nur die drei Aufgaben mit zwei Überträgen.**

- 459 + 376 (1 1) = 835
- 1537 + 855 (1 1) = 2392
- 1478 + 621 =
- 375 + 536 + 49 (1 2) = 960

③ **Rechne nur die drei Aufgaben mit drei Überträgen.**

- 767 + 563 (1 1 1) = 1330
- 944 + 1065 =
- 1594 + 406 (1 1 1) = 2000
- 98 + 854 + 627 (1 1 1) = 1579

④ **Schreibe untereinander und rechne.**

- 1248 + 539 + 94: 1248 + 539 + 94 (1 2) = 1881
- 407 + 785 + 68: 407 + 785 + 68 (1 1 2) = 1260
- 1637 + 59 + 196: 1637 + 59 + 196 (1 2) = 1892

⑤ **Kreise zuerst ein, rechne dann.**

- grün: 519 − 347 = 172
- rot: 1425 − 249 = 1176
- blau: 986 − 573 = 413
- grün: 1806 − 654 = 1152

⑥ **Rechne nur die drei Aufgaben, bei denen du einmal wechseln musst.**

- 849 − 583 = 266
- 1644 − 339 = 1305
- 978 − 486 = 492
- 1896 − 742 =

⑦ **Rechne nur die drei Aufgaben, bei denen du zweimal wechseln musst.**

- 1670 − 591 = 1079
- 924 − 796 = 128
- 1768 − 574 =
- 1635 − 346 = 1289

⑧
- 1209 − 846: 1209 − 846 = 363
- 936 − 683: 936 − 683 = 253
- 1045 − 759: 1045 − 759 = 286
- 1827 − 98: 1827 − 98 = 1729

① **Rechne die Aufgabe und die Umkehraufgabe.**

- B: 758 + 1069 (1 1) = 1827 → 1827 − 1069 = 758
- 1274 + 648 (1 1) = 1922 → 1922 − 648 = 1274
- 893 + 839 (1 1 1) = 1732 → 1732 − 839 = 893
- 1329 + 93 (1 1) = 1422 → 1422 − 93 = 1329

② **Rechne nur die sechs Aufgaben, deren Ergebnisse zwischen 1 000 und 1 200 liegen.**

- 928 + 246 (1 1) = 1174
- 791 + 309 (1 1 1) = 1100
- 845 + 592 =
- 698 + 434 (1 1 1) = 1132
- 1227 + 756 =
- 116 + 1075 (1) = 1191
- 782 + 278 (1 1) = 1060
- 480 + 619 = 1099

③ **Schriftlich oder im Kopf?**

1 240 + 410 = 1650 1 876 − 498 = 1378

1 493 + 388 = 1881 2 000 − 985 = 1015

④ **Rechne die Aufgabe und die Umkehraufgabe.**

- B: 1592 − 611 = 981 → 981 + 611 (1) = 1592
- 1937 − 1275 = 662 → 662 + 1275 (1) = 1937
- 1386 − 597 = 789 → 789 + 597 (1 1 1) = 1386
- 1845 − 988 = 857 → 857 + 988 (1 1 1) = 1845

⑤ **Rechne nur die drei Aufgaben, deren Ergebnisse zwischen 800 und 900 liegen.**

- 1507 − 673 = 834
- 1253 − 368 = 885
- 1941 − 895 =
- 1174 − 287 = 887

⑥ **Rechne nur die drei Aufgaben, deren Ergebnisse zwischen 900 und 1 000 liegen.**

- 1689 − 694 = 995
- 1437 − 525 = 912
- 1726 − 988 =
- 1358 − 425 = 933

7 (Stern)
- 896 + 705 (1 1 1) = 1601
- 1258 + 574 (1 1) = 1832
- 943 − 785 = 158
- 1526 − 849 = 677

① **Welche Insekten sind achsensymmetrisch ?**
Zeichne nur bei ihnen die Symmetrieachse ein.

② **Im Spiegelbild haben sich 7 Fehler eingeschlichen.**
Kreise sie ein.

③ **Finde das Spiegelbild. Kreuze es an.**

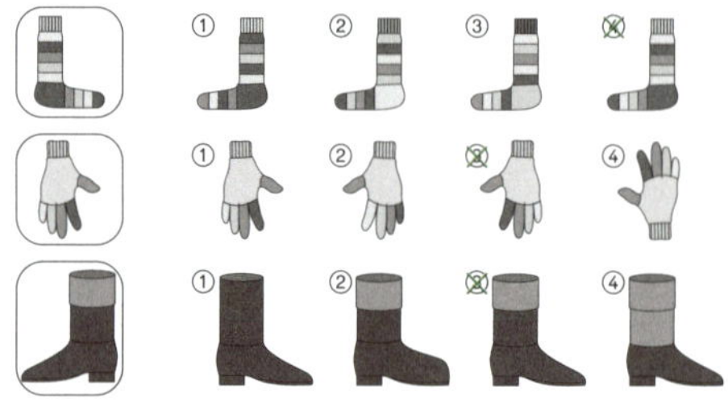

④ **Spiegle die Figuren an der roten Achse.**

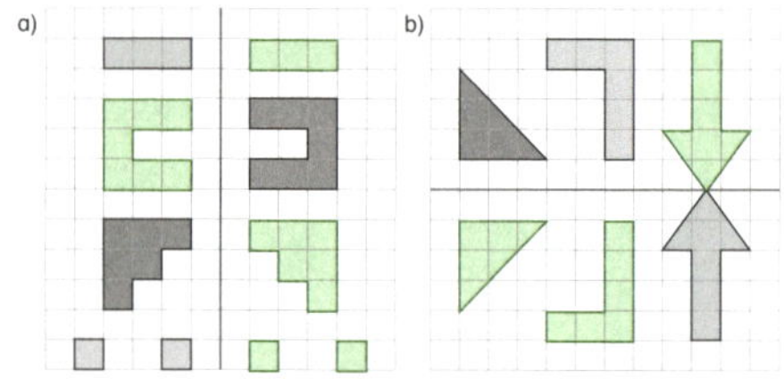

⑤ **Zeichne alle Symmetrieachsen ein.**

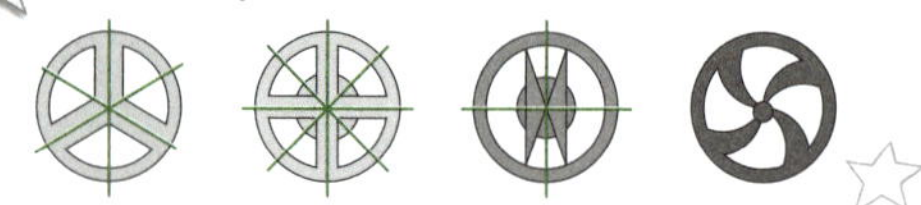

1 452

① **Verbinde Zahl und Zahlwort.**

84 000 | zweihundertdreitausend | 20 300
vierundachtzigtausend
203 000 | zwanzigtausenddreihundert
achttausendvierhundert | 8 400
dreiundzwanzigtausend
23 000 | achthundertvierzigtausend | 2 300 000
achthundertviertausend
804 000 | zwei Millionen dreihunderttausend | 840 000

② **Zerlege und schreibe in die Stellenwerttafel.**

	M	HT	ZT	T	H	Z	E	
B 20 300 =			2	0	3	0	0	= 20 000 + 300
23 000 =			2	3	0	0	0	= 20 000 + 3 000
203 000 =		2	0	3	0	0	0	= 200 000 + 3 000
2 300 000 =	2	3	0	0	0	0	0	= 2 000 000 + 300 000
8 400 =				8	4	0	0	= 8 000 + 400
84 000 =			8	4	0	0	0	= 80 000 + 4 000
804 000 =		8	0	4	0	0	0	= 800 000 + 4 000
840 000 =		8	4	0	0	0	0	= 800 000 + 40 000

③ **Zerlege die Zahlen.**

123 406 = 100 000 + 20 000 + 3 000 + 400 + 6
907 654 = 900 000 + 7 000 + 600 + 50 + 4
230 804 = 200 000 + 30 000 + 800 + 4
327 036 = 300 000 + 20 000 + 7 000 + 30 + 6
970 021 = 900 000 + 70 000 + 20 + 1
379 046 = 300 000 + 70 000 + 9 000 + 40 + 6
307 970 = 300 000 + 7 000 + 900 + 70

Denke an die Stellenwerttafel!

M | HT | ZT | T | H | Z | E

④ **Schreibe die Zahlen.**

2 HT + 3 ZT + 4 H + 7 Z + 3 E = 230 473
7 HT + 8 ZT + 5 H + 2 Z + 8 E = 780 528
5 ZT + 3 T + 6 H + 4 Z + 1 E = 53 641
2 M + 4 HT + 5 Z + 7 E = 2 400 057
6 HT + 5 T + 8 H + 1 Z + 3 E = 605 813
9 HT + 9 ZT + 9 H + 9 Z + 9 E = 990 999
3 ZT + 5 T + 7 H + 8 Z + 5 E = 35 785

Zahlenstrahl bis 100 000

① **Trage alle ZT-Zahlen ein.**

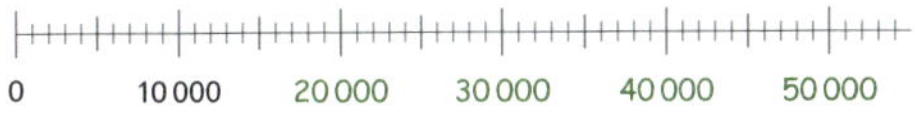

② **Trage alle Zahlen mit 5 Tausendern ein.**

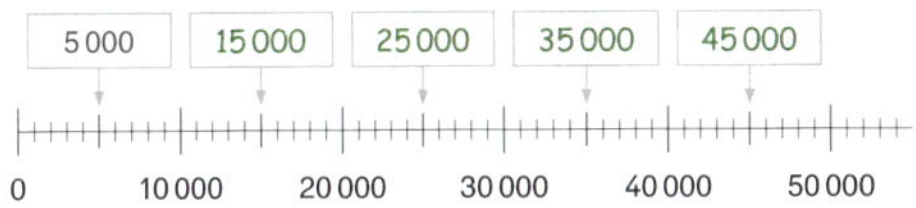

③ **Verbinde die Zahlen mit dem Zahlenstrahl.**

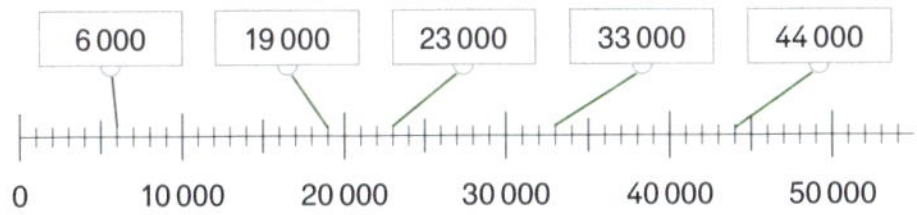

④ **Zähle in 8 000er-Schritten vorwärts …**

a) 8 000, 16 000, 24 000, 32 000, 40 000, 48 000

c) 51 000, 59 000, 67 000, 75 000, 83 000, 91 000

e) 75 000, 83 000, 91 000, 99 000, 107 000, 115 000

g) 30 000, 38 000, 46 000, 54 000, 62 000, 70 000

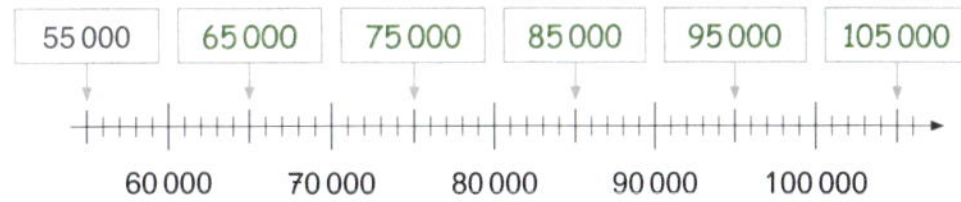

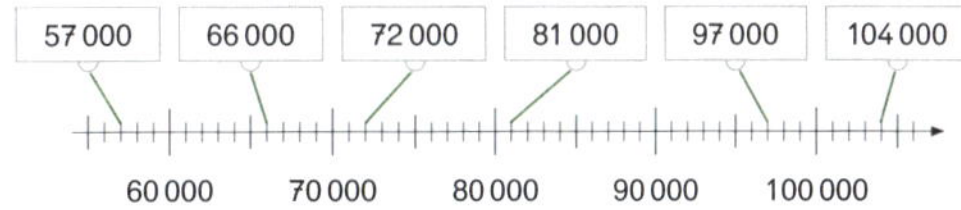

… und rückwärts.

b) 78 000, 70 000, 62 000, 54 000, 46 000, 38 000

d) 50 000, 42 000, 34 000, 26 000, 18 000, 10 000

f) 97 000, 89 000, 81 000, 73 000, 65 000, 57 000

h) 64 000, 56 000, 48 000, 40 000, 32 000, 24 000

Nachbarzahlen bis 100 000

① **Nachbarzahlen**

	Vorgänger	Zahl	Nachfolger	Vorgänger	Zahl	Nachfolger
B	43 640	43 641	43 642	65 108	65 109	65 110
	76 364	76 365	76 366	35 277	35 278	35 279
	91 472	91 473	91 474	28 735	28 736	28 737
	55 397	55 398	55 399	46 284	46 285	46 286

② **Nachbarhunderter**

Zwischen welchen Hundertern stehen die Zahlen?

B	43 600	43 641	43 700	65 100	65 109	65 200
	76 300	76 365	76 400	35 200	35 278	35 300
	91 400	91 473	91 500	28 700	28 736	28 800
	55 300	55 398	55 400	46 200	46 285	46 300

③ **Nachbartausender**

Zwischen welchen Tausendern stehen die Zahlen?

B	43 000	43 641	44 000	65 000	65 109	66 000
	76 000	76 365	77 000	35 000	35 278	36 000
	91 000	91 473	92 000	28 000	28 736	29 000
	55 000	55 398	56 000	46 000	46 285	47 000

Muster

① **Setze die Muster fort.**

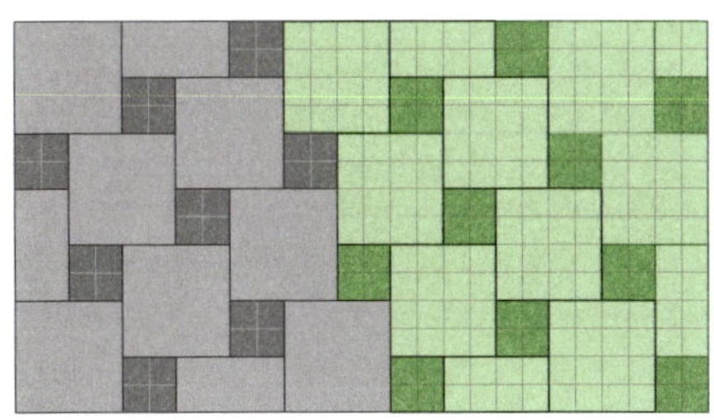

In Schritten bis 100 000

①

6 000 | 14 000 | 22 000 | 35 000 | 47 000

0 | 10 000 | 20 000 | 30 000 | 40 000 | 50 000

58 000 | 67 000 | 76 000 | 86 000 | 99 000

60 000 | 70 000 | 80 000 | 90 000 | 100 000

② **In Zehnerschritten vorwärts**

32 438	43 544
32 448	43 554
32 458	43 564
32 468	43 574
32 478	43 584

Welche Stelle ändert sich? Kennzeichne sie mit einem Punkt.

③ **In Hunderterschritten vorwärts**

32 438	43 544	81 652
32 538	43 644	81 752
32 638	43 744	81 852
32 738	43 844	81 952
32 838	43 944	82 052

④ **In Tausenderschritten vorwärts**

32 438	43 544	81 652
33 438	44 544	82 652
34 438	45 544	83 652
35 438	46 544	84 652
36 438	47 544	85 652

⑤ **In Zehnerschritten rückwärts**

59 468	67 573	98 647
59 458	67 563	98 637
59 448	67 553	98 627
59 438	67 543	98 617
59 428	67 533	98 607

⑥ **In Hunderterschritten rückwärts**

59 468	67 573	98 647
59 368	67 473	98 547
59 268	67 373	98 447
59 168	67 273	98 347
59 068	67 173	98 247

⑦ **In Tausenderschritten rückwärts**

59 468	67 573	98 647
58 468	66 573	97 647
57 468	65 573	96 647
56 468	64 573	95 647
55 468	63 573	94 647

Zahlenstrahl bis zur Million

Die Aufgaben gehen rechts weiter.

① **Trage alle HT-Zahlen ein.**

0 | 100 000 | 200 000 | 300 000 | 400 000 | 500 000

600 000 | 700 000 | 800 000 | 900 000 | 1 000 000

② **Trage alle Zahlen mit 5 ZT ein.**

50 000 | 150 000 | 250 000 | 350 000 | 450 000

0 | 100 000 | 200 000 | 300 000 | 400 000 | 500 000

550 000 | 650 000 | 750 000 | 850 000 | 950 000 | 1 050 000

600 000 | 700 000 | 800 000 | 900 000 | 1 000 000

③ **Verbinde die Zahlen mit dem Zahlenstrahl.**

70 000 | 140 000 | 290 000 | 330 000 | 420 000

0 | 100 000 | 200 000 | 300 000 | 400 000 | 500 000

560 000 | 620 000 | 750 000 | 890 000 | 920 000 | 1 010 000

600 000 | 700 000 | 800 000 | 900 000 | 1 000 000

④ **Zähle in 40 000er-Schritten vorwärts …**

a) 80 000, 120 000, 160 000, 200 000, 240 000, 280 000

c) 510 000, 550 000, 590 000, 630 000, 670 000, 710 000

e) 690 000, 730 000, 770 000, 810 000, 850 000, 890 000

g) 330 000, 370 000, 410 000, 450 000, 490 000, 530 000

… und rückwärts.

b) 780 000, 740 000, 700 000, 660 000, 620 000, 580 000

d) 500 000, 460 000, 420 000, 380 000, 340 000, 300 000

f) 990 000, 950 000, 910 000, 870 000, 830 000, 790 000

h) 670 000, 630 000, 590 000, 550 000, 510 000, 470 000

1 Ordne die Zahlen der Größe nach.

~~356 700~~ ~~836 200~~ ~~428 500~~ ~~935 200~~ ~~396 400~~

B 356 700 | 396 400 | 428 500 | 836 200 | 935 200

~~675 300~~ ~~657 700~~ ~~756 300~~ ~~567 600~~ ~~776 400~~

567 600 | 657 700 | 675 300 | 756 300 | 776 400

2 Nachbarzahlen

Welche Zahl steht dazwischen?

	Vorgänger	Zahl	Nachfolger	Vorgänger	Zahl	Nachfolger
B	354 567	354 568	354 569	963 356	963 357	963 358
	537 328	537 329	537 330	745 834	745 835	745 836
	856 275	856 276	856 277	473 651	473 652	473 653

3 Nachbarzahlen

Welche Zahl steht davor und welche dahinter?

	Vorgänger	Zahl	Nachfolger	Vorgänger	Zahl	Nachfolger
B	354 266	354 267	354 268	635 278	635 279	635 280
	995 377	995 378	995 379	346 734	346 735	346 736
	134 864	134 865	134 866	275 889	275 890	275 891
	547 841	547 842	547 843	415 409	415 410	415 411

3 Nachbar-Zehntausender

Zwischen welchen Zehntausendern stehen die Zahlen?

B	350 000	354 267	360 000	630 000	635 279	640 000
	990 000	995 378	1 000 000	340 000	346 735	350 000
	130 000	134 865	140 000	270 000	275 890	280 000
	540 000	547 842	550 000	410 000	415 410	420 000
	750 000	757 054	760 000	840 000	843 016	850 000

4 Nachbar-Hunderttausender

Zwischen welchen Hunderttausendern stehen die Zahlen?

B	300 000	354 267	400 000	600 000	635 279	700 000
	900 000	995 378	1 000 000	300 000	346 735	400 000
	100 000	134 865	200 000	200 000	275 890	300 000
	500 000	547 842	600 000	400 000	415 410	500 000
	700 000	757 054	800 000	800 000	843 016	900 000

5 Vergleiche: < = >

267 485 < 367 485 | 487 356 > 435 672

829 260 > 529 260 | 735 624 < 736 712

436 728 > 236 728 | 587 349 > 587 249

1

40 000 | 160 000 | 250 000 | 370 000 | 520 000

0 | 100 000 | 200 000 | 300 000 | 400 000 | 500 000

590 000 | 710 000 | 840 000 | 930 000 | 970 000

600 000 | 700 000 | 800 000 | 900 000 | 1 000 000

2 In Tausenderschritten vorwärts

152 392	343 654
153 392	344 654
154 392	345 654
155 392	346 654
156 392	347 654

Welche Stelle ändert sich? Kennzeichne sie mit einem Punkt.

3 In Zehntausenderschritten vorwärts

152 392	343 654	234 748
162 392	353 654	244 748
172 392	363 654	254 748
182 392	373 654	264 748
192 392	383 654	274 748

4 In Hunderttausenderschritten vorwärts

152 392	343 654	234 748
252 392	443 654	334 748
352 392	543 654	434 748
452 392	643 654	534 748
552 392	743 654	634 748

5 In Tausenderschritten rückwärts

487 385	746 247	974 569
486 385	745 247	973 569
485 385	744 247	972 569
484 385	743 247	971 569
483 385	742 247	970 569

6 In Zehntausenderschritten rückwärts

487 385	746 247	974 569
477 385	736 247	964 569
467 385	726 247	954 569
457 385	716 247	944 569
447 385	706 247	934 569

7 In Hunderttausenderschritten rückwärts

487 385	746 247	974 569
387 385	646 247	874 569
287 385	546 247	774 569
187 385	446 247	674 569
87 385	346 247	574 569

① **Färbe jedes Netz in der Farbe des zugehörigen Quaders.**

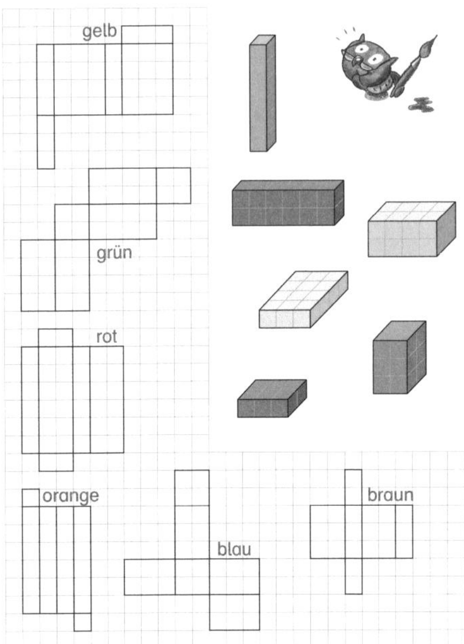

② **Streiche die Netze durch, die keine Quader ergeben.**

① **Immer · 10**

3 · 10 = 30	8 · 10 = 80
30 · 10 = 300	80 · 10 = 800
300 · 10 = 3 000	800 · 10 = 8 000
3 000 · 10 = 30 000	8 000 · 10 = 80 000
30 000 · 10 = 300 000	80 000 · 10 = 800 000
33 000 · 10 = 330 000	88 000 · 10 = 880 000

② **Immer · 100**

3 · 100 = 300	8 · 100 = 800
30 · 100 = 3 000	80 · 100 = 8 000
300 · 100 = 30 000	800 · 100 = 80 000
3 000 · 100 = 300 000	8 000 · 100 = 800 000
3 300 · 100 = 330 000	8 800 · 100 = 880 000
3 330 · 100 = 333 000	8 880 · 100 = 888 000

③

·	10	100
23	230	2 300
423	4 230	42 300
1 423	14 230	142 300

·	10	100
48	480	4 800
548	5 480	54 800
3 548	35 480	354 800

① **Immer : 10**

40 : 10 = 4	70 : 10 = 7
400 : 10 = 40	700 : 10 = 70
4 000 : 10 = 400	7 000 : 10 = 700
40 000 : 10 = 4 000	70 000 : 10 = 7 000
400 000 : 10 = 40 000	700 000 : 10 = 70 000
404 000 : 10 = 40 400	770 000 : 10 = 77 000

② **Immer : 100**

400 : 100 = 4	700 : 100 = 7
4 000 : 100 = 40	7 000 : 100 = 70
40 000 : 100 = 400	70 000 : 100 = 700
400 000 : 100 = 4 000	700 000 : 100 = 7 000
440 000 : 100 = 4 400	707 000 : 100 = 7 070
400 400 : 100 = 4 004	777 000 : 100 = 7 770

③

:	10	100
9 500	950	95
79 500	7 950	795
279 500	27 950	2 795

Multiplizieren … und Dividieren großer Zahlen

1 **Verwandte Aufgaben**

3 · 9 = 27

Mein Tipp:
Rechne in Schritten!
3 · 90 = (3 · 9) · 10
3 · 900 = (3 · 9) · 100

3 · 90 = 270	30 · 9 = 270
3 · 900 = 2 700	300 · 9 = 2 700
3 · 9 000 = 27 000	3 000 · 9 = 27 000

7 · 8 = 56

7 · 80 = 560	70 · 8 = 560
7 · 800 = 5 600	700 · 8 = 5 600
7 · 8 000 = 56 000	7 000 · 8 = 56 000

2

6 · 4 = 24	5 · 7 = 35
6 · 40 = 240	5 · 70 = 350
60 · 4 = 240	50 · 7 = 350
60 · 40 = 2 400	50 · 70 = 3 500
6 · 400 = 2 400	5 · 700 = 3 500
60 · 400 = 24 000	50 · 700 = 35 000
600 · 4 = 2 400	500 · 7 = 3 500
600 · 40 = 24 000	500 · 70 = 35 000
600 · 400 = 240 000	500 · 700 = 350 000

3

42 : 6 = 7

Mein Tipp:
Rechne in Schritten!
420 : 60 = (420 : 6) : 10

420 : 6 = 70	420 : 60 = 7
4 200 : 6 = 700	4 200 : 60 = 70
42 000 : 6 = 7 000	42 000 : 60 = 700

32 : 8 = 4

320 : 8 = 40	320 : 80 = 4
3 200 : 8 = 400	3 200 : 80 = 40
32 000 : 8 = 4 000	32 000 : 80 = 400

4

45 : 5 = 9	72 : 9 = 8
450 : 5 = 90	720 : 9 = 80
450 : 50 = 9	720 : 90 = 8
4 500 : 5 = 900	7 200 : 9 = 800
4 500 : 50 = 90	7 200 : 90 = 80
4 500 : 500 = 9	7 200 : 900 = 8
45 000 : 5 = 9 000	72 000 : 9 = 8 000
45 000 : 50 = 900	72 000 : 90 = 800
45 000 : 500 = 90	72 000 : 900 = 80

Halbschriftlich multiplizieren

1

7 · 2 = 14	8 · 4 = 32	6 · 9 = 54
7 · 20 = 140	80 · 4 = 320	60 · 90 = 5 400
7 · 200 = 1 400	8 · 400 = 3 200	6 · 900 = 5 400
70 · 20 = 1 400	800 · 40 = 32 000	6 · 90 = 540

2 **Zu jeder Aufgabe gehören 2 Karten. Färbe und rechne.**

98 · 4 = 392	6 · 44 = 264	52 · 7 = 364	5 · 37 = 185
5 · 7 = 35	90 · 4 = 360	50 · 7 = 350	6 · 4 = 24
6 · 40 = 240	2 · 7 = 14	5 · 30 = 150	8 · 4 = 32

3

5 · 320 = 1600
5 · 300 = 1500
5 · 20 = 100

Ich zerlege in H, Z und E.

9 · 570 = 5130
9 · 500 = 4500
9 · 70 = 630

4

187 · 5 = 935
100 · 5 = 500
80 · 5 = 400
7 · 5 = 35

259 · 3 = 777
200 · 3 = 600

631 · 4 = 2524

272 · 6 = 1632

5

6 · 7 = 42	9 · 3 = 27	8 · 7 = 56
6 · 70 = 420	9 · 30 = 270	8 · 70 = 560
6 · 700 = 4 200	9 · 300 = 2 700	8 · 700 = 5 600
6 · 7 000 = 42 000	9 · 3 000 = 27 000	8 · 7 000 = 56 000

6

7 · 4200 = 29400
7 · 4000 = 28000
7 · 200 = 1400

5 · 6700 = 33500
5 · 6000 = 30000
5 · 700 = 3500

7

5234 · 5 = 26170
5000 · 5 = 25000
200 · 5 = 1000
30 · 5 = 150
4 · 5 = 20

4362 · 8 = 34896
4000 · 8 = 32000

3654 · 7 = 25578

2798 · 6 = 16788

6113 · 3 = 18339

2518 · 9 = 22662

① **Ergänze die 4er-Reihe.**

4, 8, 12, 16, 20, 24, 28, 32, 36, 40

② **Ergänze die 40er-Reihe.**

40, 80, 120, 160, 200, 240, 280, 320, 360, 400

③ **Rechne.**

252 : 4 = 63
240 : 4 = 60
12 : 4 = 3

388 : 4 = 97
360 : 4 = 90
28 : 4 = 7

144 : 4 = 36
120 : 4 = 30
24 : 4 = 6

296 : 4 = 74
280 : 4 = 70
16 : 4 = 4

④ **Zerlege geschickt und rechne.**

Die Zahlen bei Aufgabe 1 und 2 helfen dir.

188 : 4 = 47
432 : 4 = 108
336 : 4 = 84
156 : 4 = 39
304 : 4 = 76
372 : 4 = 93

⑤ **Ergänze die 60er-Reihe.**

60, 120, 180, 240, 300, 360, 420, 480, 540, 600

⑥

486 : 6 = 81
354 : 6 = 59
156 : 6 = 26
228 : 6 = 38
438 : 6 = 73
282 : 6 = 47

⑦ **Ergänze die 90er-Reihe.**

90, 180, 270, 360, 450, 540, 630, 720, 810, 900

⑧

801 : 9 = 89
684 : 9 = 76
189 : 9 = 21
585 : 9 = 65
477 : 9 = 53
423 : 9 = 47

① **Andreas, Sarah und ihre Freunde gehen heute ins Stadion. Findest du sie im großen Bild wieder? Kreise ein.**

①
432 + 2526 = 2958
5107 + 874 = 5981
3527 + 4091 = 7618
2793 + 5504 = 8297

4786 + 3603 = 8389
508 + 8674 = 9182
762 + 4927 = 5689
2647 + 5582 = 8229

3435 + 702 + 6166 = 10303
3407 + 5432 + 4364 = 13203
2853 + 3417 + 5203 = 11473
5353 + 2134 + 3624 = 11111

Hier musst du beim **Übertrag** aufpassen.

②
3451 + 6592 + 676 = 10719
6258 + 473 + 3895 = 10626
3942 + 4786 + 8531 = 17259

3972 + 4839 + 5634 = 14445
4573 + 6289 + 3651 = 14513
3562 + 4796 + 3684 = 12042
8765 + 5633 + 7824 = 22222

③ Schreibe richtig untereinander und rechne.

3397 + 4209 = 7606
3436 + 749 = 4185
496 + 3058 = 3554
2143 + 243 + 2312 = 4698
3307 + 492 + 1028 = 4827
784 + 5627 + 809 = 7220

Hier brauchst du einen guten Zahlenblick!

④ Addiere: Immer zwei Zahlen ergeben 10 000. Färbe in der gleichen Farbe.

2356 | 4381 | 4577 | 7644 | 3743 | 6257 | 5423 | 5619

2356 + 7644 = 10000
3743 + 6257 = 10000
4381 + 5619 = 10000
4577 + 5423 = 10000

①
4635 − 2584 = 2051
9452 − 6751 = 2701
4639 − 2557 = 2082
7468 − 4297 = 3171

3588 − 1807 = 1781
5489 − 3688 = 1801
6735 − 4581 = 2154
3416 − 2377 = 1039

7038 − 6936 = 102
9003 − 2692 = 6311
6970 − 3782 = 3188
4005 − 2714 = 1291

② Schreibe richtig untereinander und rechne.

3454 − 1341 = 2113
9467 − 235 = 9232
7536 − 4316 = 3220
9423 − 6501 = 2922
8307 − 626 = 7681
7294 − 4178 = 3116
5007 − 3625 = 1382
9735 − 83 = 9652

③ Welche Zahl fehlt?

9529 − 1683 = 7846
8008 − 2685 = 5323
7381 − 1572 = 5809

8008 | 2573 | 7381 | 4947 | 6781 | 3645 | 9529

3968 − 2573 = 1395
8452 − 3645 = 4807
7802 − 4947 = 2855
8925 − 6781 = 2144

④ Subtrahiere: Das Ergebnis muss immer 11 111 sein. Färbe.

grün: 24 396 | lila: 57 354 | blau: 39 394 | gelb: 78 352

⊖

blau: 28 283 | lila: 46 243 | grün: 13 285 | gelb: 67 241

24396 − 13285 = 11111
39394 − 28283 = 11111
57354 − 46243 = 11111
78352 − 67241 = 11111

1 Wiederhole das Einmaleins.

·	7	9	6	8	4	3
3	21	27	18	24	12	9
6	42	54	36	48	24	18
9	63	81	54	72	36	27

2 Multipliziere schriftlich.

B

582 · 3 1746	642 · 2 1284	432 · 2 864
3582 · 4 14328	4054 · 4 16216	7825 · 6 46950
4672 · 8 37376	5347 · 8 42776	8029 · 9 72261
5937 · 4 23748	6809 · 2 13618	7654 · 6 45924

3 Drei Aufgaben sind falsch.
Streiche durch und rechne richtig.

~~628 · 5 3040~~	756 · 3 2268	~~874 · 3 2612~~
3462 · 4 13848	2609 · 6 15654	~~3574 · 6 20444~~
628 · 5 3140	874 · 3 2622	3574 · 6 21444

4 Wiederhole das Einmaleins.

·	3	4	8	9	0	7
9	27	36	72	81	0	63
8	24	32	64	72	0	56
7	21	28	56	63	0	49

5

254 · 5 1270	642 · 5 3210	732 · 4 2928
347 · 7 2429	624 · 7 4368	483 · 6 2898
2468 · 9 22212	3579 · 9 32211	8765 · 8 70120
1597 · 7 11179	3026 · 5 15130	3462 · 6 20772

6 Kleine Knobelei: Mit welcher Zahl wurde multipliziert?

B

Ü: 700 · 2 = 1400 716 · 2 1432	Ü: 300 · 4 = 1200 304 · 4 1216
Ü: 600 · 5 = 3000 609 · 5 3045	Ü: 500 · 4 = 2000 488 · 4 1952

Rechne zuerst mit Hunderterzahlen. So erhältst du das ungefähre Ergebnis.

1 Färbe: Fünferzahlen Achterzahlen Sechserzahlen

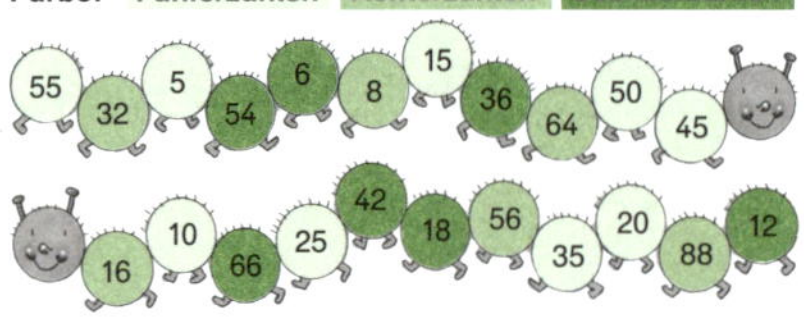

2

B

Ü: 600 · 60 = 36000 624 · 56 3120 3744 34944	Ü: 300 · 70 = 21000 284 · 65 1704 1420 18460
Ü: 2000 · 70 = 140000 2467 · 68 14802 19736 1 167756	Ü: 5000 · 80 = 400000 4873 · 76 34111 29238 1 370348

3 Eine Aufgabe ist falsch.
Finde den Fehler und rechne richtig.

2467 · 65 14802 12335 1 160355	3589 · 86 28712 21534 1 308654	3589 · 86 28712 21534 208654 (the 2 circled)

4 Färbe: Viererzahlen Neunerzahlen Siebenerzahlen

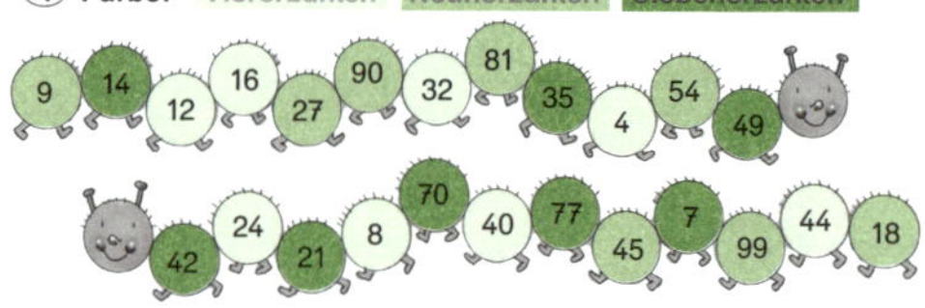

5

Ü: 400 · 50 = 20000 358 · 47 1432 2506 16826	Ü: 500 · 70 = 35000 493 · 74 3451 1972 1 36482
Ü: 5000 · 80 = 400000 5483 · 79 38381 49347 1 1 1 433157	Ü: 6000 · 50 = 300000 6074 · 49 24296 54666 1 1 297626

6 Eine Aufgabe ist falsch.
Finde den Fehler und rechne richtig.

2596 · 74 18172 10384 1 1 192104	3524 · 97 31716 24668 1 1 341828	3524 · 97 31716 24668 (the 2 and the second 6 circled) 341728

① **Aus wie vielen Würfeln bestehen diese Würfelgebäude?**

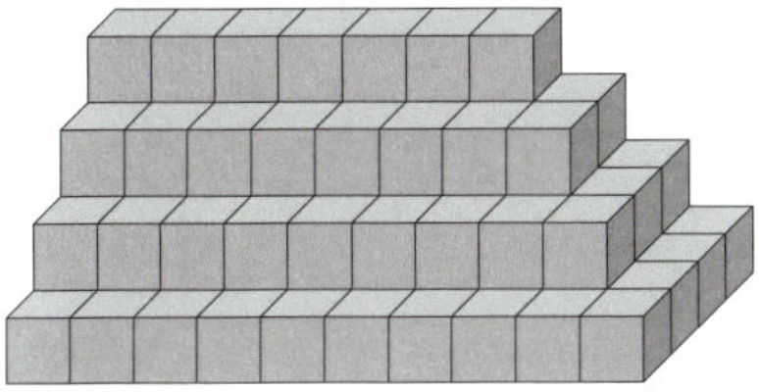

Lösung: 90 Würfel

Lösung: 48 Würfel

2

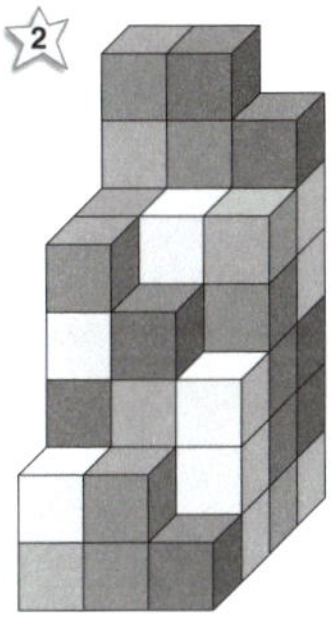

Lösung: 52 Würfel

① **Verschiebe die Figuren.**
Der Pfeil gibt dir Richtung und Entfernung an.

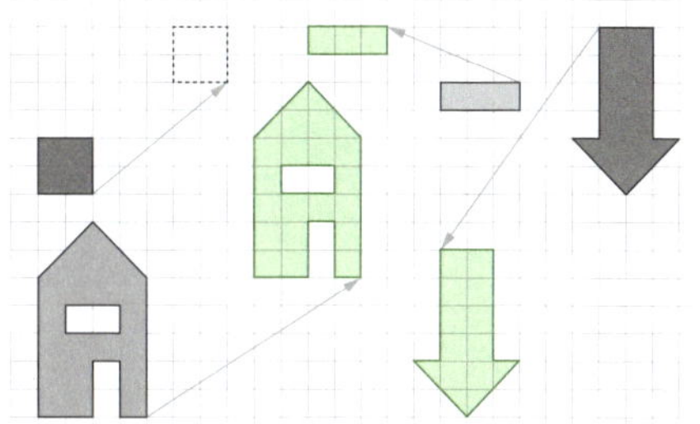

2 **Verschiebe mehrfach.**

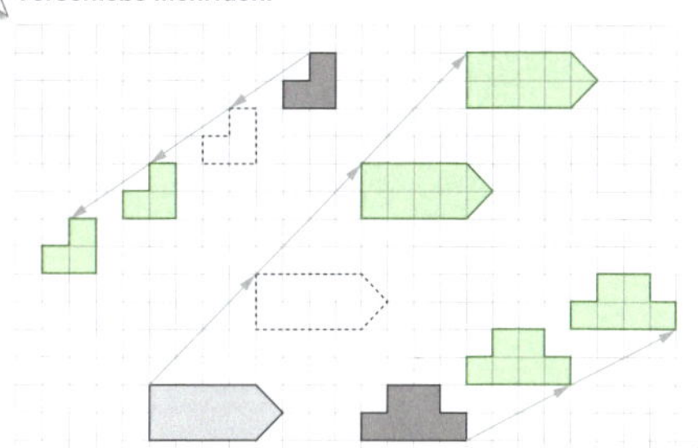

① **Färbe die richtigen Zahlen.**

② **Welcher Rest kann jeweils bleiben? Rechne und färbe.**

16 : 2 = 8	16 : 4 = 4	16 : 8 = 2
17 : 2 = 8 R 1	17 : 4 = 4 R 1	17 : 8 = 2 R 1
18 : 2 = 9	18 : 4 = 4 R 2	18 : 8 = 2 R 2
19 : 2 = 9 R 1	19 : 4 = 4 R 3	19 : 8 = 2 R 3
20 : 2 = 10	20 : 4 = 5	20 : 8 = 2 R 4
21 : 2 = 10 R 1	21 : 4 = 5 R 1	21 : 8 = 2 R 5
22 : 2 = 11	22 : 4 = 5 R 2	22 : 8 = 2 R 6
23 : 2 = 11 R 1	23 : 4 = 5 R 3	23 : 8 = 2 R 7
24 : 2 = 12	24 : 4 = 6	24 : 8 = 3
1 2 3 4	1 2 3 4	1 2 3 4
5 6 7 8	5 6 7 8	5 6 7 8

Ja

Nein

③ **Färbe die richtigen Zahlen.**

④ **Teilen mit Rest**

17 : 3 = 5 R 2	19 : 6 = 3 R 1	13 : 9 = 1 R 4
25 : 3 = 8 R 1	35 : 6 = 5 R 5	29 : 9 = 3 R 2
29 : 3 = 9 R 2	56 : 6 = 9 R 2	48 : 9 = 5 R 3
13 : 3 = 4 R 1	39 : 6 = 6 R 3	79 : 9 = 8 R 7
20 : 3 = 6 R 2	22 : 6 = 3 R 4	60 : 9 = 6 R 6

5 **Welche Zahl wurde geteilt?**

Rechne die Umkehraufgabe.

B 44 : 6 = 7 R 2	28 : 9 = 3 R 1
25 : 6 = 4 R 1	59 : 9 = 6 R 5
23 : 6 = 3 R 5	88 : 9 = 9 R 7
58 : 6 = 9 R 4	51 : 9 = 5 R 6

① 3184 : 4 = 796

```
3 1 8 4 : 4 = 7 9 6
2 8
  3 8
  3 6
    2 4
    2 4
      0
```

B 3184 : 4 = 7
28
3

6461 : 7 = 923

3504 : 4 = 876

4984 : 8 = 623

5929 : 7 = 847

② **Hier bleibt ein Rest.**

6417 : 5 = 1283 R 2

3262 : 6 = 543 R 4

③

2502 : 3 = 834
Probe
834 · 3
2502

4434 : 6 = 739
Probe
739 · 6
4434

5832 : 9 = 648
Probe
648 · 9
5832

2781 : 3 = 927
Probe
927 · 3
2781

3768 : 6 = 628
Probe
628 · 6
3768

7506 : 9 = 834
Probe
834 · 9
7506

④ **Hier bleibt ein Rest.**

8741 : 9 = 971 R 2
Probe
971 · 9
8739
8739 + 2 = 8741

6793 : 8 = 849 R 1
Probe
849 · 8
6792
6792 + 1 = 6793

① **Merke dir die Figur und zeichne sie nach.**

Und so wird's gemacht:

Merke dir eine Figur aus der linken Spalte.

Falte das Blatt entlang der gestrichelten Linie. Decke die Figur zu.

Zeichne sie rechts nach.

Kontrolliere das Ergebnis.

Das Geheimnis des Sternenhimmels
Auflösung Sternenbild: Zentaur

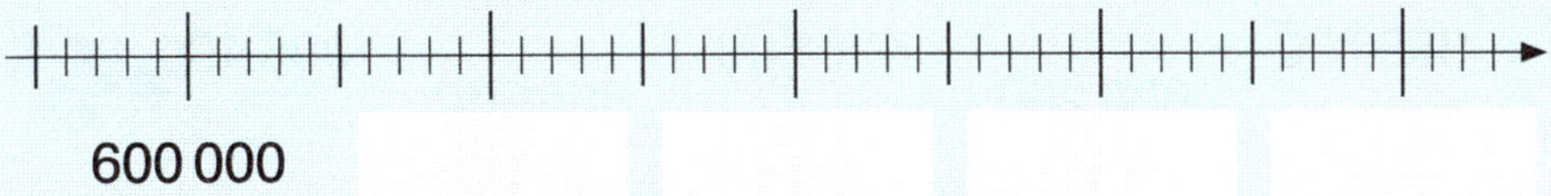

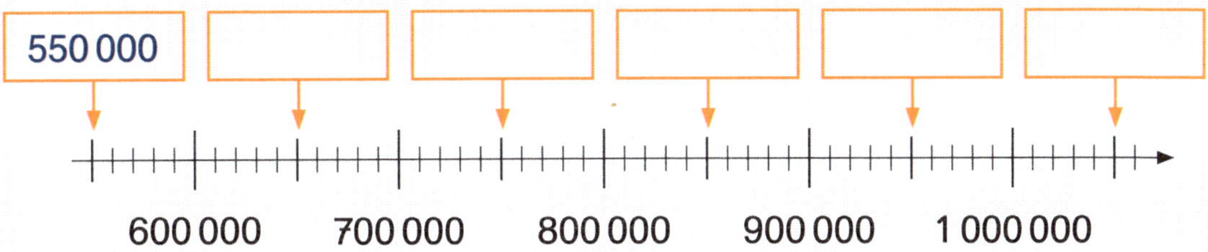

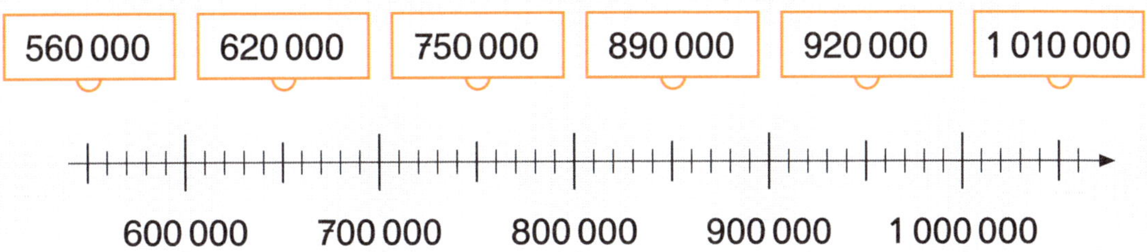

… und rückwärts.

b) 780 000, 740 000, ______, ______, ______, ______

d) 500 000, 460 000, ______, ______, ______, ______

f) 990 000, 950 000, ______, ______, ______, ______

h) 670 000, 630 000, ______, ______, ______, ______

Zahlen bis zur Million ordnen und vergleichen

1 Ordne die Zahlen der Größe nach.

~~356 700~~ 836 200 428 500 935 200 396 400

B 356 700 ____ ____ ____ ____

675 300 657 700 756 300 567 600 776 400

____ ____ ____ ____ ____

2 Nachbarzahlen

Welche Zahl steht dazwischen?

	Vorgänger	Zahl	Nachfolger
B	354 567	354 568	354 569
	537 328		537 330
	856 275		856 277

Vorgänger	Zahl	Nachfolger
963 356		963 358
745 834		745 836
473 651		473 653

3 Nachbarzahlen

Welche Zahl steht davor und welche dahinter?

	Vorgänger	Zahl	Nachfolger
B	354 266	354 267	
		995 378	
		134 865	
		547 842	

Vorgänger	Zahl	Nachfolger
	635 279	
	346 735	
	275 890	
	415 410	

3 Nachbar-Zehntausender

Zwischen welchen Zehntausendern stehen die Zahlen?

B

350 000	354 267	360 000		635 279	
	995 378			346 735	
	134 865			275 890	
	547 842			415 410	
	757 054			843 016	

4 Nachbar-Hunderttausender

Zwischen welchen Hunderttausendern stehen die Zahlen?

B

300 000	354 267	400 000		635 279	
	995 378			346 735	
	134 865			275 890	
	547 842			415 410	
	757 054			843 016	

5 Vergleiche: < = >

267 485	○	367 485	487 356	○	435 672
829 260	○	529 260	735 624	○	736 712
436 728	○	236 728	587 349	○	587 249

①

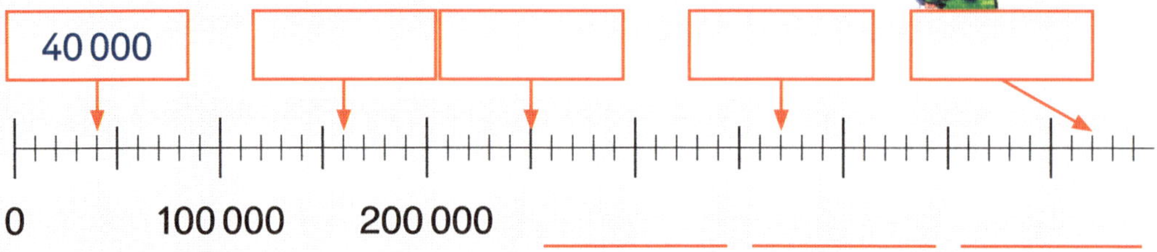

② **In Tausenderschritten vorwärts**

152 392	343 654
153 392	______
______	______
______	______
156 392	347 654

③ **In Zehntausenderschritten vorwärts**

152 392	343 654	234 748
162 392	______	______
______	______	______
______	______	______
192 392	383 654	274 748

④ **In Hunderttausenderschritten vorwärts**

152 392	343 654	234 748
252 392	______	______
______	______	______
______	______	______
552 392	743 654	634 748

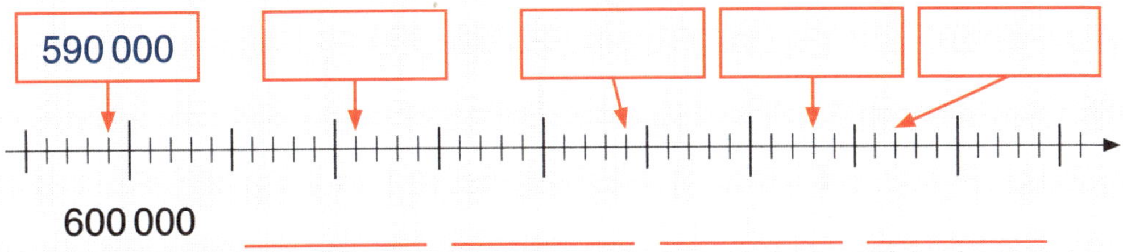

5 In Tausenderschritten rückwärts

487 385	746 247	974 569
486 385	___	___
___	___	___
___	___	___
483 385	742 247	970 569

6 In Zehntausenderschritten rückwärts

487 385	746 247	974 569
477 385	___	___
___	___	___
___	___	___
447 385	706 247	934 569

7 In Hunderttausenderschritten rückwärts

487 385	746 247	974 569
387 385	___	___
___	___	___
___	___	___
87 385	346 247	574 569

1 **Färbe jedes Netz in der Farbe des zugehörigen Quaders.**

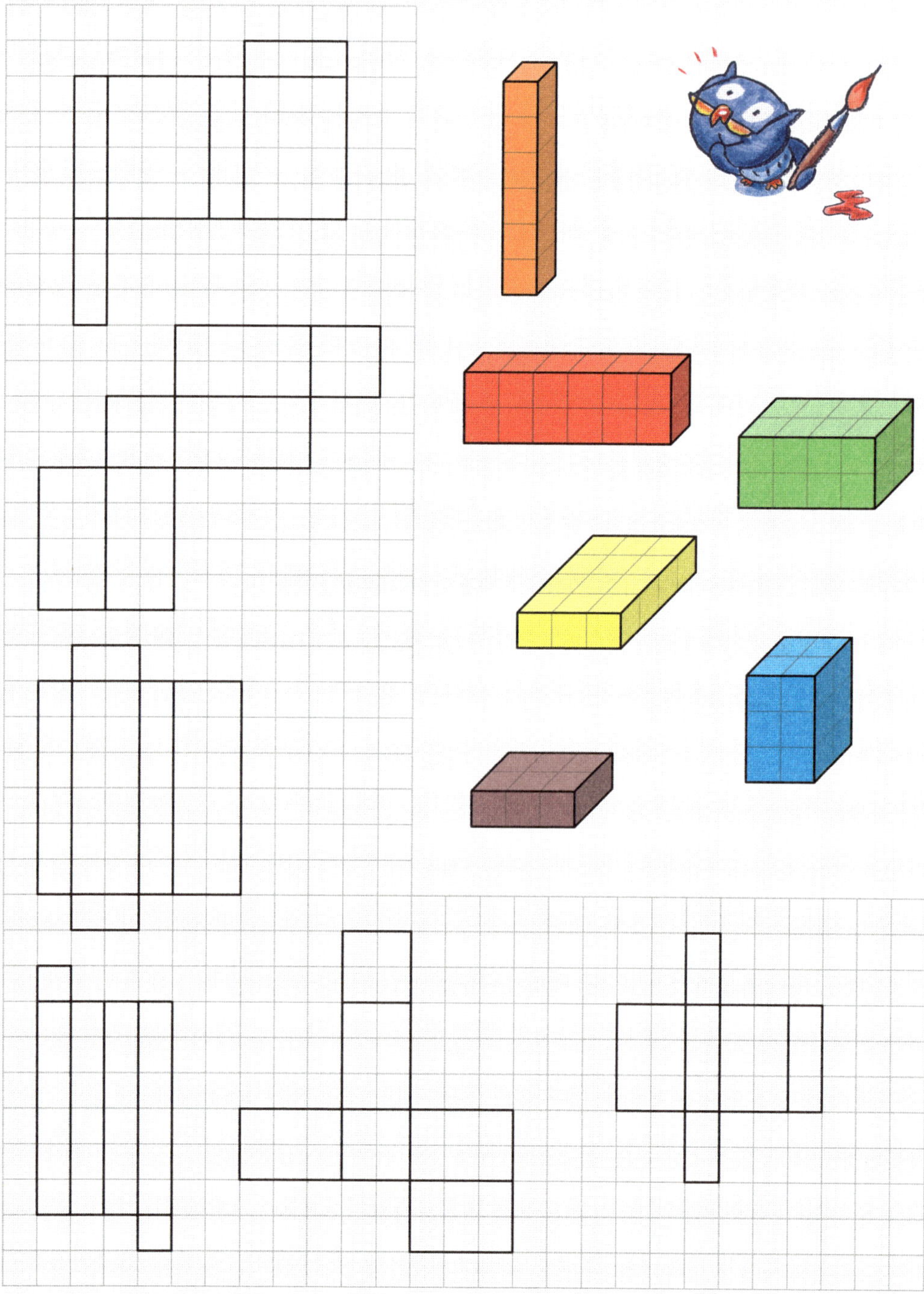

② **Streiche die Netze durch, die keine Quader ergeben.**

1 Immer · 10

$3 \cdot 10 =$ ____ $8 \cdot 10 =$ ____

$30 \cdot 10 =$ ____ $80 \cdot 10 =$ ____

$300 \cdot 10 =$ ____ $800 \cdot 10 =$ ____

$3\,000 \cdot 10 =$ ____ $8\,000 \cdot 10 =$ ____

$30\,000 \cdot 10 =$ ____ $80\,000 \cdot 10 =$ ____

$33\,000 \cdot 10 =$ ____ $88\,000 \cdot 10 =$ ____

2 Immer · 100

$3 \cdot 100 =$ ____ $8 \cdot 100 =$ ____

$30 \cdot 100 =$ ____ $80 \cdot 100 =$ ____

$300 \cdot 100 =$ ____ $800 \cdot 100 =$ ____

$3\,000 \cdot 100 =$ ____ $8\,000 \cdot 100 =$ ____

$3\,300 \cdot 100 =$ ____ $8\,800 \cdot 100 =$ ____

$3\,330 \cdot 100 =$ ____ $8\,880 \cdot 100 =$ ____

3

·	10	100
23		
423		
1 423		

·	10	100
48		
548		
3 548		

1 **Immer : 10**

40 : 10 = ____	70 : 10 = ____
400 : 10 = ____	700 : 10 = ____
4 000 : 10 = ____	7 000 : 10 = ____
40 000 : 10 = ____	70 000 : 10 = ____
400 000 : 10 = ____	700 000 : 10 = ____
404 000 : 10 = ____	770 000 : 10 = ____

2 **Immer : 100**

400 : 100 = ____	700 : 100 = ____
4 000 : 100 = ____	7 000 : 100 = ____
40 000 : 100 = ____	70 000 : 100 = ____
400 000 : 100 = ____	700 000 : 100 = ____
440 000 : 100 = ____	707 000 : 100 = ____
400 400 : 100 = ____	777 000 : 100 = ____

3

:	10	100
9 500		
79 500		
279 500		

① Verwandte Aufgaben

3 · 9 = ______

Mein Tipp:
Rechne in Schritten!
3 · 90 = (3 · 9) · 10
3 · 900 = (3 · 9) · 100

3 · 90 = ______	30 · 9 = ______
3 · 900 = ______	300 · 9 = ______
3 · 9000 = ______	3000 · 9 = ______

7 · 8 = ______

7 · 80 = ______	70 · 8 = ______
7 · 800 = ______	700 · 8 = ______
7 · 8000 = ______	7000 · 8 = ______

②

6 · 4 = ______	5 · 7 = ______
6 · 40 = ______	5 · 70 = ______
60 · 4 = ______	50 · 7 = ______
60 · 40 = ______	50 · 70 = ______
6 · 400 = ______	5 · 700 = ______
60 · 400 = ______	50 · 700 = ______
600 · 4 = ______	500 · 7 = ______
600 · 40 = ______	500 · 70 = ______
600 · 400 = ______	500 · 700 = ______

Mein Tipp:
Rechne in Schritten!
420 : 60 = (420 : 6) : 10

3

42 : 6 = ______

420 : 6 = ______
4 200 : 6 = ______
42 000 : 6 = ______

420 : 60 = ______
4 200 : 60 = ______
42 000 : 60 = ______

32 : 8 = ______

320 : 8 = ______
3 200 : 8 = ______
32 000 : 8 = ______

320 : 80 = ______
3 200 : 80 = ______
32 000 : 80 = ______

4

45 : 5 = ______

450 : 5 = ______
450 : 50 = ______

4 500 : 5 = ______
4 500 : 50 = ______
4 500 : 500 = ______

45 000 : 5 = ______
45 000 : 50 = ______
45 000 : 500 = ______

72 : 9 = ______

720 : 9 = ______
720 : 90 = ______

7 200 : 9 = ______
7 200 : 90 = ______
7 200 : 900 = ______

72 000 : 9 = ______
72 000 : 90 = ______
72 000 : 900 = ______

Halbschriftlich multiplizieren

①

7 · 2 = ____	8 · 4 = ____	6 · 9 = ____
7 · 20 = ____	80 · 4 = ____	60 · 90 = ____
7 · 200 = ____	8 · 400 = ____	6 · 900 = ____
70 · 20 = ____	800 · 40 = ____	6 · 90 = ____

② **Zu jeder Aufgabe gehören 2 Karten. Färbe und rechne.**

98 · 4 = ____	6 · 44 = ____	52 · 7 = ____	5 · 37 = ____
5 · 7 = ____	90 · 4 = ____	50 · 7 = ____	6 · 4 = ____
6 · 40 = ____	2 · 7 = ____	5 · 30 = ____	8 · 4 = ____

③

5 · 320 =
5 · 300 =
5 · 20 =

9 · 570 =
9 · 500 =
9 · 70 =

④

187 · 5 =
100 · 5 =
80 · 5 =
7 · 5 =

259 · 3 =
200 · 3 =

631 · 4 =

272 · 6 =

5

6 · 7 = ___	9 · 3 = ___	8 · 7 = ___
6 · 70 = ___	9 · 30 = ___	8 · 70 = ___
6 · 700 = ___	9 · 300 = ___	8 · 700 = ___
6 · 7000 = ___	9 · 3000 = ___	8 · 7000 = ___

6

7 · 4200 =
7 · 4000 =
7 · 200 =

5 · 6700 =
5 · 6000 =
5 · 700 =

7

5234 · 5 =
5000 · 5 =
200 · 5 =
30 · 5 =
4 · 5 =

4362 · 8 =
4000 · 8 =

3654 · 7 =

2798 · 6 =

6113 · 3 =

2518 · 9 =

1 **Ergänze die 4er-Reihe.**

4, 8, 12, ____, ____, ____, ____, ____, ____, 40

2 **Ergänze die 40er-Reihe.**

40, 80, ____, ____, ____, ____, ____, ____, ____, 400

3 **Rechne.**

252 : 4 =
240 : 4 =
12 : 4 =

388 : 4 =
360 : 4 =
28 : 4 =

144 : 4 =
120 : 4 =
24 : 4 =

296 : 4 =
280 : 4 =
16 : 4 =

4 **Zerlege geschickt und rechne.**

Die Zahlen bei Aufgabe 1 und 2 helfen dir.

188 : 4 =

432 : 4 =

336 : 4 =

156 : 4 =

304 : 4 =

372 : 4 =

5 **Ergänze die 60er-Reihe.**

60, ____, ____, ____,

____, ____, ____, ____,

____, 600

6

486 : 6 =

354 : 6 =

156 : 6 =

228 : 6 =

438 : 6 =

282 : 6 =

7 **Ergänze die 90er-Reihe.**

90, ____, ____, ____,

____, ____, ____, ____,

____, 900

8

801 : 9 =

684 : 9 =

189 : 9 =

585 : 9 =

477 : 9 =

423 : 9 =

① **Andreas, Sarah und ihre Freunde gehen heute ins Stadion. Findest du sie im großen Bild wieder? Kreise ein.**

Andreas Lukas Karolina Timo Sina

Robin
Lena
Fabian
Linus
Sarah

1

432 + 2526	5107 + 874	3527 + 4091	2793 + 5504
4786 + 3603	508 + 8674	762 + 4927	2647 + 5582
3435 702 + 6166	3407 5432 + 4364	2853 3417 + 5203	5353 2134 + 3624

2

3451 6592 + 676	6258 473 + 3895	3942 4786 + 8531	
3972 4839 + 5634	4573 6289 + 3651	3562 4796 + 3684	8765 5633 + 7824

3 **Schreibe richtig untereinander und rechne.**

3 397 + 4 209

3 436 + 749

496 + 3 058

2 143 + 243 + 2 312

3 307 + 492 + 1 028

784 + 5 627 + 809

4 **Addiere: Immer zwei Zahlen ergeben 10 000. Färbe in der gleichen Farbe.**

2 356 | 4 381 | 4 577 | 7 644

3 743 | 6 257 | 5 423 | 5 619

1

4635	9452	4639	7468
− 2584	− 6751	− 2557	− 4297

3588	5489	6735	3416
− 1807	− 3688	− 4581	− 2377

7038	9003	6970	4005
− 6936	− 2692	− 3782	− 2714

2 **Schreibe richtig untereinander und rechne.**

3 454 – 1 341

9 467 – 235

7 536 – 4 316

9 423 – 6 501

8 307 – 626

7 294 – 4 178

5 007 – 3 625

9 735 – 83

3 Welche Zahl fehlt?

–	1	6	8	3
	7	8	4	6

–	2	6	8	5
	5	3	2	3

–	1	5	7	2
	5	8	0	9

8 008 | 2 573 | 7 381 | 4 947

6 781 | 3 645 | 9 529

	3	9	6	8
–				
	1	3	9	5

	8	4	5	2
–				
	4	8	0	7

	7	8	0	2
–				
	2	8	5	5

	8	9	2	5
–				
	2	1	4	4

4 Subtrahiere: Das Ergebnis muss immer 11 111 sein. Färbe.

24 396	57 354
39 394	78 352

–

28 283	46 243
13 285	67 241

Schriftlich multiplizieren (1)

1 **Wiederhole das Einmaleins.**

·	7	9	6	8	4	3
3						
6						
9						

2 **Multipliziere schriftlich.**

B
582 · 3
1746

642 · 2

432 · 2

3582 · 4

4054 · 4

7825 · 6

4672 · 8

5347 · 8

8029 · 9

5937 · 4

6809 · 2

7654 · 6

3 **Drei Aufgaben sind falsch.**
Streiche durch und rechne richtig.

628 · 5
3040

756 · 3
2268

874 · 3
2612

3462 · 4
13848

2609 · 6
15654

3574 · 6
20444

4 **Wiederhole das Einmaleins.**

·	3	4	8	9	0	7
9						
8						
7						

5

2 5 4 · 5

6 4 2 · 5

7 3 2 · 4

3 4 7 · 7

6 2 4 · 7

4 8 3 · 6

2 4 6 8 · 9

3 5 7 9 · 9

8 7 6 5 · 8

1 5 9 7 · 7

3 0 2 6 · 5

3 4 6 2 · 6

6 **Kleine Knobelei: Mit welcher Zahl wurde multipliziert?**

B Ü: 700 · 2 = 1 400

7 1 6 · ☐
1 4 3 2

Ü: ____________

3 0 4 · ☐
1 2 1 6

Ü: ____________

6 0 9 · ☐
3 0 4 5

Ü: ____________

4 8 8 · ☐
1 9 5 2

1 **Färbe:** Fünferzahlen Achterzahlen Sechserzahlen

2

B

Ü: 600 · 60 = ______

624 · 56

Ü: ____ · ____ = ______

284 · 65

Ü: ____ · ____ = ______

2467 · 68

Ü: ____ · ____ = ______

4873 · 76

3 **Eine Aufgabe ist falsch.**
Finde den Fehler und rechne richtig.

2	4	6	7	·	6	5
	1	4	8	0	2	
		1	2	3	3	5
		1				
	1	6	0	3	5	5

3	5	8	9	·	8	6
	2	8	7	1	2	
		2	1	5	3	4
	2	0	8	6	5	4

4 **Färbe:** Viererzahlen Neunerzahlen Siebenerzahlen

5

Ü: ____ · ____ = ______

3	5	8	·	4	7

Ü: ____ · ____ = ______

	4	9	3	·	7	4

Ü: ____ · ____ = ______

5	4	8	3	·	7	9

Ü: ____ · ____ = ______

6	0	7	4	·	4	9

6 **Eine Aufgabe ist falsch.**
Finde den Fehler und rechne richtig.

2	5	9	6	·	7	4
	1	8	1	7	2	
		1	0	3	8	4
			1	1		
	1	9	2	1	0	4

3	5	2	4	·	9	7
	3	1	7	1	6	
		2	4	6	6	8
	3	4	1	7	2	8

1 Aus wie vielen Würfeln bestehen diese Würfelgebäude?

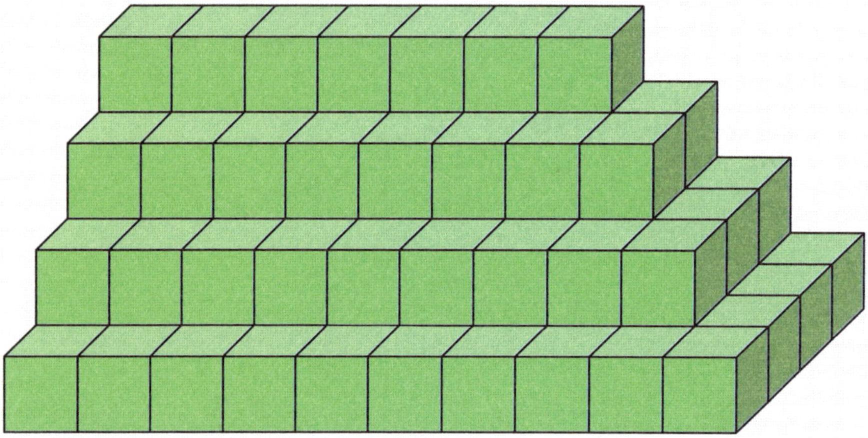

Lösung: ____ Würfel

Lösung: ____ Würfel

Lösung: ____ Würfel

① **Verschiebe die Figuren.**
Der Pfeil gibt dir Richtung und Entfernung an.

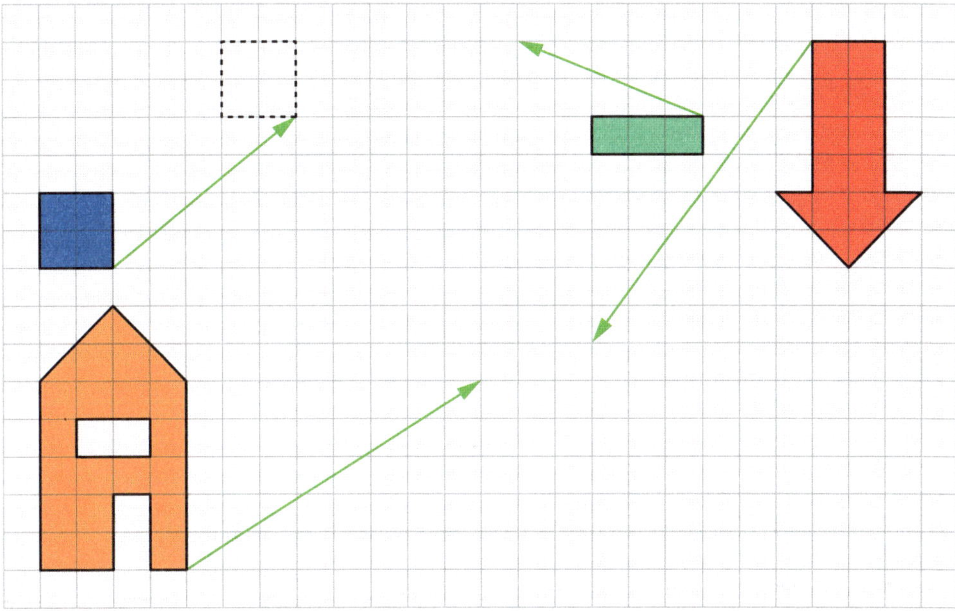

2 Verschiebe mehrfach.

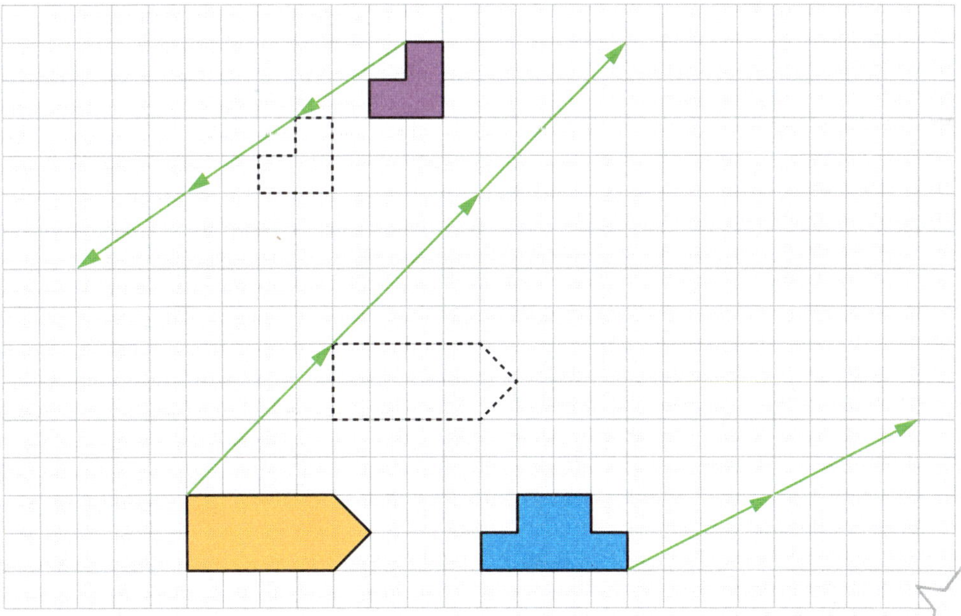

① **Färbe die richtigen Zahlen.**

B

② **Welcher Rest kann jeweils bleiben? Rechne und färbe.**

16 : 2 = ____	16 : 4 = ____	16 : 8 = ____
17 : 2 = ____	17 : 4 = ____	17 : 8 = ____
18 : 2 = ____	18 : 4 = ____	18 : 8 = ____
19 : 2 = ____	19 : 4 = ____	19 : 8 = ____
20 : 2 = ____	20 : 4 = ____	20 : 8 = ____
21 : 2 = ____	21 : 4 = ____	21 : 8 = ____
22 : 2 = ____	22 : 4 = ____	22 : 8 = ____
23 : 2 = ____	23 : 4 = ____	23 : 8 = ____
24 : 2 = ____	24 : 4 = ____	24 : 8 = ____
1 2 3 4	1 2 3 4	1 2 3 4
5 6 7 8	5 6 7 8	5 6 7 8

Ja

Nein

③ **Färbe die richtigen Zahlen.**

④ **Teilen mit Rest**

17 : 3 = ______	19 : 6 = ______	13 : 9 = ______
25 : 3 = ______	35 : 6 = ______	29 : 9 = ______
29 : 3 = ______	56 : 6 = ______	48 : 9 = ______
13 : 3 = ______	39 : 6 = ______	79 : 9 = ______
20 : 3 = ______	22 : 6 = ______	60 : 9 = ______

5 **Welche Zahl wurde geteilt?**

Rechne die Umkehraufgabe.

B 44 : 6 = 7 R 2	____ : 9 = 3 R 1
____ : 6 = 4 R 1	____ : 9 = 6 R 5
____ : 6 = 3 R 5	____ : 9 = 9 R 7
____ : 6 = 9 R 4	____ : 9 = 5 R 6

① 3184 : 4 =

B 3184 : 4 = 7
28
3

6461 : 7 =

3504 : 4 =

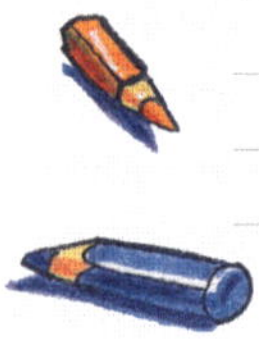

4984 : 8 =

5929 : 7 =

② **Hier bleibt ein Rest.**

6417 : 5 =

3262 : 6 =

3

2 5 0 2 : 3 =

Probe
· 3

4 4 3 4 : 6 =

Probe
· 6

5 8 3 2 : 9 =

Probe
·

2 7 8 1 : 3 =

Probe
·

3 7 6 8 : 6 =

Probe
·

7 5 0 6 : 9 =

Probe
·

4 **Hier bleibt ein Rest.**

8 7 4 1 : 9 =

Probe

6 7 9 3 : 8 =

Probe

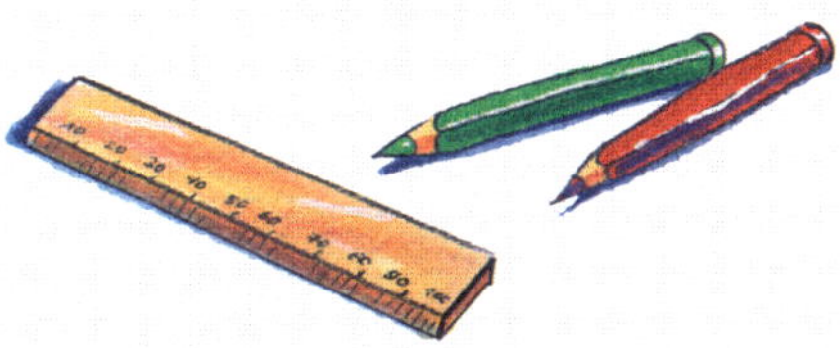

① Merke dir die Figur und zeichne sie nach.

Und so wird's gemacht:

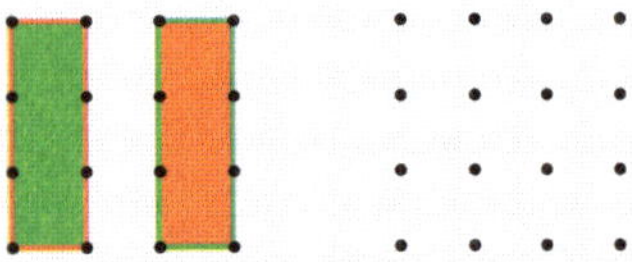

Merke dir eine Figur aus der linken Spalte.

Falte das Blatt entlang der gestrichelten Linie. Decke die Figur zu.

Zeichne sie rechts nach.

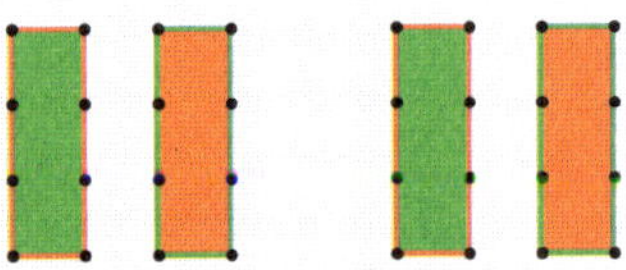

Kontrolliere das Ergebnis.

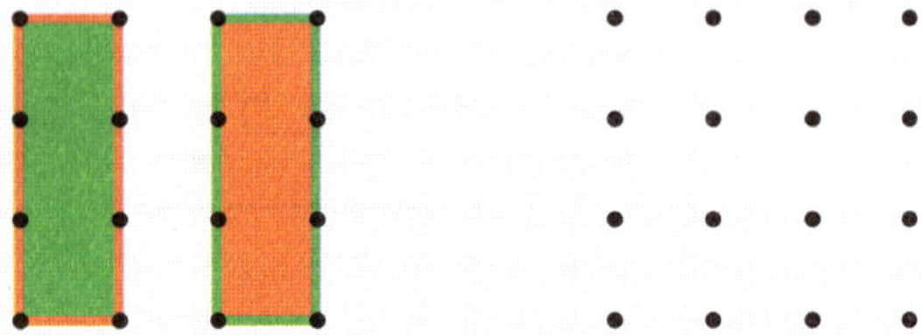

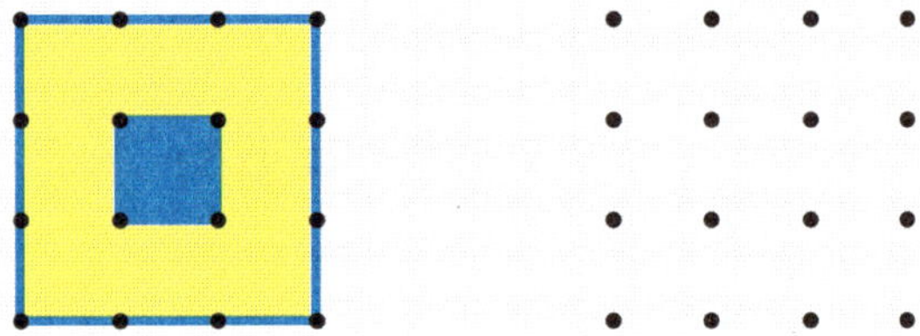

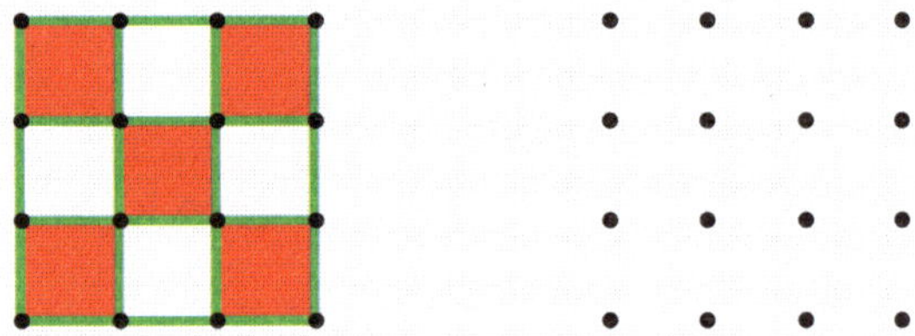

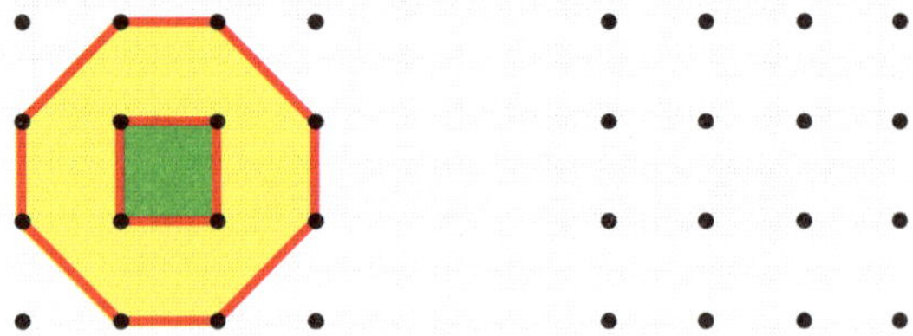